CONTENIDOS

"*El matrimonio sanador* no solo contiene información valiosa, sino que te lleva en un proceso de restauración, brindándote en el camino herramientas necesarias para mantener una condición saludable en la relación, aun en medio de las adversidades. Creemos que el libro ayudará a muchos matrimonios a establecer una cultura heredable a las siguientes generaciones".

–Dr. Raúl y Dra. Devita Añari, Médico psiquiatra y psicóloga, directores del Centro de Atención a la Familia y Salud Mental de Grupo 20, Arequipa, Perú

"¡*El matrimonio sanador* es un tesoro para las parejas! Pero aunque es precioso y valioso, no es para leerlo y dejarlo guardado, sino para ponerlo en práctica. Las cinco herramientas que se brindan son poderosos modelos de oración que literalmente cambiarán tu pareja y tu vida de oración. Esther y Daniel brindan consejos prácticos extraídos de las vivencias dentro de su propio matrimonio; son perlas que han ido recogiendo a lo largo del camino, algunas veces con lágrimas. El Espíritu Santo les salió al encuentro y les reveló las verdades espirituales que ellos vuelcan en este material, y que tienen el potencial de obrar una transformación real. Con la ayuda de Dios, tú también puedes pasar de tener un matrimonio roto a uno sano, y no solo eso: puedes tener un matrimonio que ayude a sanar a otros".

–Marijo Hooft, pastora, editora, autora de En el ojo de la tormenta, *Argentina*

"El tipo de intimidad que genera el matrimonio suele exponer las heridas del pasado y la debilidad moral de la pareja. Todos necesitamos perdón, consejo y apoyo, y la mejor guía y consejo práctico que podemos recibir suele venir de los que, antes que nosotros, ya han transitado este viaje tanto emocionante como peligroso. Daniel y Esther Baumgartner son ese tipo de guías experimentados que han escrito *El matrimonio sanador*, no solo para compartir sus propios desafíos y éxitos sino también ayudar a otros matrimonios a lograr relaciones saludables que afirmen y den vida.

Siguiendo la ayuda práctica que ofrecen en esta guía, y empleando las oraciones, los matrimonios pueden descubrir el perdón por el pasado, la sanidad para el presente y la liberación para el futuro, juntos. El matrimonio no solo es bueno para los cónyuges, sino que también es esencial y fundamental para una sociedad plena. Una sociedad saludable necesita matrimonios sanos y esta guía puede ser de gran ayuda".

–Rev. Dr. Samuel Randall,
Director Radio María Australia, y Sra. Mirjam Randall

"Conocimos a Esther y Daniel Baumgartner en Salta hace muchos años, y Dios nos permitió entablar una hermosa amistad de la cual aprendimos mucho. Entonces, cuando nos sentamos a leer El matrimonio sanador, automáticamente nos trasladamos a su casa y recordamos esos tiempos en los que, sentados los cuatro tomando algo caliente y comiendo galletas o un bizcochuelo, nos oían hablar de nuestras crisis. Nos escucharon por muchas horas con paciencia y amor, y siempre respondieron con sabiduría, en un lenguaje sencillo y práctico, con pasos de acción fáciles de llevar a la práctica. Entre lágrimas, oraciones y abrazos pudimos sanar y crecer. Hoy trabajamos en la restauración de matrimonios y creemos firmemente que la sanidad es importante; el perdón y la oración son imprescindibles para convertirnos en el matrimonio que Dios desea".

–Felipe y Esther Ovejero, Pastores de la Alianza Cristiana y
Misioneros en Cusco, Perú

"Compré unos cuantos ejemplares de *El hogar sanador*, el libro de Daniel y Esther sobre sanidad y liberación con niños y adolescentes, porque creo que es un libro que todo padre debe leer. Es el libro que me hubiera gustado tener a mano cuando criaba a mis hijos. Así que no me sorprende que *El matrimonio sanador* sea también el libro que me hubiera gustado leer como joven esposa. Me encanta que se pueda usar como devocional, como un recurso de consejería prematrimonial, o como guía para parejas que transitan tiempos difíciles. Espero que este nuevo libro *El matrimonio sanador* sea un ingrediente básico para mi ministerio, y voy a recomendarlo como regalo de bodas para recién casados".

–Lisa Piper, fundadora de Miracle of Deliverance y asistente pastoral en The River Church, Kentucky

"Estoy muy agradecido a Daniel y a Esther por *El matrimonio sanador*. Es un libro único, que ofrece una ayuda concreta para consolidar y fortalecer los matrimonios. En un tiempo en el que tanto se habla de crisis matrimoniales, o en que el concepto de matrimonio en general está sujeto a reinterpretaciones, vale la pena leer este libro – y más importante aún, aplicarlo.

En una pareja cada uno es parte responsable de los problemas que surgen, y hay momentos en que se atraviesan dificultades, pero Daniel y Esther creen que hay siempre formas de crecer juntos y evitar la separación. Su profunda fe y conocimiento de la Palabra de Dios nos ayudan a entender cómo es el corazón del Creador por el matrimonio y todo lo que está disponible para nosotros a través de Cristo.

El matrimonio sanador es una invitación a la reflexión personal en áreas claves de la vida matrimonial, y nos trae esperanza a través de ejemplos de relaciones que han sido renovadas y restauradas. Ayuda a los lectores para ver dónde han fracasado o cometido errores, aunque al mismo tiempo abre caminos para el perdón y la sanidad. Por lo tanto, leer *El matrimonio sanador* es como visitar un spa o centro de salud. Ayuda a eliminar las impurezas, a refrescar y a permitir a los matrimonios a que experimenten una mayor belleza y satisfacción más profunda en su relación".

—Padre Thomas Rellstab,
exdirector de Radio María, Suiza

Daniel y Esther Baumgartner

EL MATRIMONIO SANADOR

Cómo construir una convivencia plena y feliz

Guía de oración paso a paso

Título: El matrimonio sanador: Cómo construir una convivencia plena y feliz
                      Copyright © 2024 Daniel Baumgartner y Esther Baumgartner.
                      Se prohíbe la reproducción parcial o total, al igual que su distribución o transmisión en cualquier forma o por cualquier medio, sea método electrónico, mecánico, fotocopia o grabación, sin previa autorización por escrito de los autores, con la excepción de citas breves incorporadas a reseñas del presente y otros usos no comerciales autorizados por la ley de propiedad intelectual.

Título original: Die heilsame Ehe: Einsichten und Gebete für glückliche Paare.
                      Copyright © 2022 Daniel Baumgartner und Esther Baumgartner

Versión impresa: ISBN 978-3-9525900-4-1
Libro digital: ISBN 978-3-9525900-5-8

Publicada por: Verein Bethesda Heilungsdienst, Zurich
                      info@bethesda-heilungsdienst.ch
                      www.bethesda-heilungsdienst.ch

Traducción al español: María Pibernus | Contacto: maria.pibernus@gmail.com
Diseño y redacción: Bright Books, Kyiv, Ukraine | Contacto: bspub@me.com
Ilustraciones: Claudia Huber | Contacto: claudiahuber-illustration.de
Corrección de texto: Enjoy Servicios Editoriales | Contacto: marijohooft@gmail.com

Textos bíblicos: Las citas bíblicas han sido tomadas de Dios habla hoy ® Tercera edición.
                      © Sociedades Bíblicas Unidas, 1966, 1970, 1979, 1983, 1994.
                      Dios habla hoy® es una marca registrada de Sociedades Bíblicas Unidas y puede ser usada solo bajo licencia.

AGRADECIMIENTOS

Al padre Thomas, exdirector del programa radial Radio María Suiza. Habíamos planificado primero escribir un libro sobre el matrimonio, pero cuando usted nos llamó urgente para armar un curso por radio para ayudar a los matrimonios que estaban sufriendo los efectos de la pandemia de la covid-19, sabíamos que era el Espíritu Santo llamándonos a darle voz al mensaje que había estado tomando forma en nuestro corazón. Terminamos escribiendo los programas a medida que avanzábamos, algo que por momentos nos resultaba estresante, pero sin duda fue un viaje emocionante. ¡El Señor usó el curso y así decidimos escribir el libro basándonos en él! Gracias por permitirnos hablar de estos temas en los programas y por el apoyo del equipo de Radio María.

A María Pibernus. Una vez más has puesto de tu habilidad profesional excelente como traductora y de tu corazón, logrando comunicar nuestro mensaje con eficacia y claridad. Trabajar contigo es un privilegio y un placer.

A María José Hooft. Tu aportación editorial y la corrección de texto han sido muy valiosas, afinando el mensaje para el mundo hispanohablante. Trabajar contigo es de gran bendición.

A nuestros amigos y colaboradores en Bethesda Heilungs-dienst. Algunos de ustedes han estado en nuestra boda, otros se sumaron más tarde. Pero el amor, las oraciones y el apoyo de unos y otros nos han mantenido fuertes.

A nuestro Señor y Salvador. ¡Gracias por el maravilloso regalo del matrimonio que nos diste, un matrimonio sanador creado en los cielos! Nos has unido y ayudado a construir una relación que superó todo lo que hubiéramos podido esperar o lograr en nuestras propias fuerzas.

TESTIMONIOS

"*El matrimonio sanador* nos ha abierto los ojos como matrimonio. Gracias al libro, se ha profundizado nuestra relación con Dios, la tercera persona en nuestra pareja. De un modo vívido y con sentido del humor, los autores muestran cómo las heridas emocionales y espirituales pueden ser el origen de los malentendidos y de la falta de satisfacción en el matrimonio.

Las perspectivas y oraciones profundamente arraigadas en la fe cristiana que los autores han plasmado en el libro para tratar estos temas, son prácticas y efectivas. Este libro es un regalo para matrimonios de todas las edades".

– D. y U.

"Este maravilloso libro nos atrapó desde el principio y ya no podíamos dejar de leerlo. Nos ayudó a identificar las raíces de muchos temas personales que afectaron negativamente nuestro matrimonio desde el comienzo. La guía práctica de oraciones del libro ha traído un enorme cambio en las áreas claves de nuestra relación.

Hemos sido tocados por la sabiduría y la gracia del Señor que fluía de las páginas de un libro escrito con tanta inspiración divina.

Más que sentirnos condenados por los errores del pasado o abrumados por lo que aún debíamos cambiar, la invitación a tomar tiempo para orar y reflexionar al final de cada capítulo nos permitió abrir el corazón, encontrar paz y un profundo bienestar interior".

– E. y H.

"El libro, que consta de capítulos breves y es de fácil lectura, contiene poderosos principios y resulta ideal para los que se toman su tiempo para leer. Hemos sacado provecho de las muchas ideas de cada capítulo, muy prácticas y valiosas en verdad. Los conceptos y la guía de oración son fáciles de entender y de aplicar".

– A. y S.

PREFACIO

Luego de graduarse en teología, Daniel integró un equipo de misión a Argentina. En esa ocasión le tocó ser orador en un seminario de sanidad interior en Buenos Aires y un médico y consejero que asistió a las reuniones escuchó que Daniel estaba comprometido para casarse. Se lo llevó aparte y mirándolo directo a los ojos, le dijo: "Daniel, el matrimonio es una institución santa y maravillosa diseñada por Dios para traer gran gozo y felicidad! ¡Jamás permitas que alguien te diga lo contrario!".

Daniel nunca olvidó lo que ese hermano le dijo. Sus palabras impactaron profundamente en él y lo animaron. Hace ya casi treinta años que estamos felizmente casados, y hemos comprobado que el matrimonio realmente nos ha traído no solo gran gozo y una profunda satisfacción, sino que ha sido también un espacio de grandes sanidades.

Nos gustaría compartir con ustedes algunos de los valiosos conocimientos que hemos ido adquiriendo durante los años de nuestro propio matrimonio y que han hecho posible esta maravillosa experiencia. Y como consejeros de oración, nuestra práctica de escuchar a otros y ver sus vidas transformadas por las mismas oraciones y conocimientos que compartimos aquí, han sido la fuente de motivación para escribir este libro y compartirlo con ustedes también.

Sea que se estén preparando para el matrimonio, o que se hayan casado recientemente o ya lleven muchos años de casados, oramos que cuando lean estas páginas y pongan en práctica los ejercicios y las oraciones, la visión que tienen del matrimonio, su amor y compromiso mutuo, crezcan y su relación florezca.

INTRODUCCIÓN

El concepto que ha inspirado este libro es muy sencillo. Creemos que los matrimonios pueden aprender a orar juntos pidiendo perdón, sanidad y liberación. Y en este proceso, las cosas que tal vez no vayan tan bien en una relación pueden, en realidad, mejorar. La idea de orar juntos y uno por el otro te puede resultar novedosa, especialmente si no tienes el hábito de orar como pareja a un nivel más profundo (o quizás no tienen el hábito en absoluto). ¡Pero, no hay por qué preocuparse! A medida que avances en la lectura de este libro, aprenderás y pondrás en práctica principios sencillos, prácticos y específicos que abren las puertas a un mayor gozo, plenitud y contentamiento mutuo.

Nuestro abordaje se basa en cinco herramientas de oración por sanidad y liberación que los matrimonios pueden aplicar para orar el uno por el otro. Aprender a orar de este modo fue un nuevo descubrimiento para nosotros en los primeros tiempos de nuestro matrimonio. Pero a medida que hemos visto el poder transformador de estas oraciones en nuestra propia relación, comenzamos a compartirlas con los matrimonios que recurrían a nosotros buscando consejería. ¡Comprobamos que las oraciones funcionaban para muchos de ellos también!

Deseamos compartir contigo estos conocimientos y herramientas de oración que han sido tan impactantes para nuestra vida. Si buscas enriquecer tu matrimonio y crecer en amor y unidad, o estás luchando para superar ciertos problemas que amenazan con apartarlos, creemos que este abordaje será de ayuda para ti. A medida que avances en la lectura de los capítulos, con un corazón y una mente abiertos, Dios podrá tocar tu vida y sanarte donde lo necesitas.

Considera este versículo bíblico:

"Por lo tanto, el que está unido a Cristo es una nueva persona. Las cosas viejas pasaron; se convirtieron en algo nuevo" (2 Corintios 5:17).

Cuando venimos a Cristo como esposo y esposa, podemos afirmarnos en esta promesa de que somos una nueva creación en Cristo. Él crea cosas nuevas en nosotros y en nuestro matrimonio también. Esta ha sido nuestra experiencia. Todas las cosas son hechas nuevas cuando venimos a Él. No necesariamente será de la noche a la mañana; por lo general se trata de un proceso, pero lo importante es que vengamos a Él primero.

Nos asombra cuando miramos hacia atrás y vemos cómo Dios nos ha ayudado a superar las dificultades en nuestro propio matrimonio. Toda vez que nos hemos abocado a estudiar la Palabra de Dios y hemos perseverado en venir a Él, escuchando la voz del Espíritu Santo, Dios nos ha ayudado a identificar las raíces espirituales y emocionales de los problemas que estaban arruinando nuestra relación e impidiendo nuestra unidad. Luego usamos los modelos de oraciones de sanidad y liberación para orar el uno por el otro y hemos experimentado resultados duraderos. Nuestro entusiasmo ha crecido cada vez más al ver lo que se logra cuando le damos lugar al Espíritu Santo para que nos hable. Y luego oramos por lo que Él nos muestra. ¡Hay un poder tremendo en la oración!

Las oraciones que presentamos en este libro son sencillas y poderosas. Puedes adaptarlas y usarlas una y otra vez conforme te guíe el Espíritu Santo para tratar la raíz de los problemas en las áreas claves de pecado, heridas y opresión demoníaca. Algunos temas requerirán una reflexión personal y oración individual mientras que, para otros casos, será más apropiado tratar los temas como pareja y orar juntos al respecto. Si aún no se sienten preparados para hablar y orar juntos sobre cuestiones emocionales o espirituales profundas, podrán usar igualmente las oraciones para recibir sanidad y liberación en forma personal. ¡Esto también tendrá un efecto positivo en el matrimonio!

Para concluir, además de ser una guía efectiva de oración, este libro es también una guía práctica. Hemos incluido preguntas y modelos de oración adicionales diseñados para ayudarte a reflexionar sobre el material y aplicar los principios a cada situación en particular. De este modo, podrás dar los pasos necesarios y avanzar.

Por último, si deseas tener un matrimonio pleno, quizás debas aprender nuevas habilidades, tales como mejorar la comunicación o tu capacidad de escucha; poder admitir si estás equivocado, en vez de buscar el error en los demás; reparar una situación cuando has sido el causante de los problemas; ambos pueden aprender a ser uno a un nivel más profundo, y también a reconocer las heridas y las áreas donde hay ataduras espirituales y orar en forma efectiva por sanidad y liberación.

UNIDAD
Aprender a ser uno

Capítulo 1

UNA MISMA ALMA Y UN MISMO CORAZÓN

En busca de una conexión más profunda

Un amor duradero es algo que la mayoría sueña tener. No importa cuánta desilusión hayamos experimentado u observado a nuestro alrededor, aun así anhelamos a alguien que nos entienda y nos ame, y a quien a su vez podamos amar: un compañero/a y amigo/a con quien podamos construir una vida estable y que nos apoye en los buenos tiempos como también en los malos. Pero detrás de ese deseo hay una profunda necesidad de conexión emocional. Anhelamos conocer y ser conocidos a un nivel más profundo.

En muchos matrimonios, sin embargo, hay una desconexión entre lo que esperamos y soñamos para cuando nos casamos y lo que realmente experimentamos en la vida diaria. Aun cuando podemos sentirnos conectados y gozar de una maravillosa unidad en algunas áreas de nuestras relaciones, otras pueden quedar eclipsadas por tensiones que subyacen en la relación, por falta de unidad o directamente por algún franco desacuerdo. ¿Te sientes identificado con esto?

Quizás has trabajado arduamente en la relación en tu matrimonio, pero todavía siguen las tensiones. *"Bueno, supongo que así es la vida de matrimonio"*, dirás con resignación. *"¡Después de todo, cada familia tiene sus problemas!"*. Tal vez has abandonado el sueño que tenías al principio.

Después de muchos años de consejería matrimonial y aun estando felizmente casados después de casi treinta años, podemos asegurarles que no están solos y ¡la buena noticia es que hay esperanza! Con la ayuda, conocimientos y las herramientas correctas, es realmente posible superar la división, afianzar esa conexión y encontrar paz y unidad en cada área de la vida matrimonial.

Hemos visto que la satisfacción en la pareja mucho tiene que ver con la capacidad de ambos de profundizar en la unidad. Cuanto más unidos y conectados estemos en todos los niveles, más satisfechos estaremos en nuestro matrimonio. Entonces ¿cómo quitar los obstáculos que impiden la unidad y cómo crecer juntos como pareja? Esta es quizás la pregunta más importante y es ciertamente el centro de *El matrimonio sanador*.

Dios tiene un corazón por los matrimonios

Algunos temen la idea de unidad o de ser uno en el matrimonio; los hace sentir atrapados o sofocados. Hay muchas razones por las que uno podría sentirse así. Por lo general, estos sentimientos están ligados a experiencias negativas del pasado. Vamos a examinar estos aspectos más adelante en el libro y veremos cómo Dios puede ayudarnos a superar esas experiencias. Lo importante aquí es entender que el corazón de Dios y el diseño original del matrimonio es que maridos y esposas se complementen, se fortalezcan y disfruten el uno del otro.

Quizás hayas notado el imagen al comienzo de esta sección, de una pareja en un pequeño kayak doble. El remar juntos es una muy buena ilustración de lo que significa la unidad en el matrimonio. Requiere cooperación y disciplina, así como práctica y perseverancia. Cada remero del kayak deberá asumir ciertas tareas y responsabilidades. Pero al trabajar en equipo, juntos podrán controlar tanto la dirección como la velocidad del bote. ¡Un equipo bien coordinado podrá cubrir grandes distancias juntos y pasarla bien!

Así que ¿cómo podemos aprender a "remar" de modo que podamos avanzar juntos, aún en medio de las dificultades y exigencias de la vida diaria? ¿Cómo permanecer unidos y evitar dar vueltas en círculos, o peor aún, terminar en dos botes diferentes?

Diversas razones pueden generar discordia y desunión. En este libro, sobre la base de nuestra propia experiencia y el trabajo con parejas por muchos años, vamos a identificar cuatro áreas claves y tratarlas una por una. Además del tema conocido sobre la comunicación dentro del matrimonio, las parejas deben entender qué es el pecado y por qué puede dañar una relación. A su vez hay heridas emocionales que hacen que los cambios sean muy difíciles. Finalmente, abordaremos la dimensión espiritual. Hablar del mundo invisible en el contexto del matrimonio podría ser algo nuevo para ustedes. Pero creemos que es importante y no hay nada que temer.

Las secciones del libro son, por lo tanto, unidad, comunicación, restauración, sanidad y liberación. A medida que avancemos en cada tema, los equiparemos con estrategias prácticas y herramientas de oración sencillas –que ya han sido probadas– para aplicar en cada área. Cuando aprendan a usarlas, creemos que la unidad matrimonial va a crecer y van a experimentar una mayor paz y felicidad juntos.

Pausa para pensar

- ¿Qué significa para ustedes la unidad en el matrimonio?
- ¿En qué áreas ya se sienten conectados y unidos?
- ¿Qué diferencia podrá traer una mayor unidad en su matrimonio?

Capítulo 2

EL PODER DEL PACTO MATRIMONIAL

Dios está de nuestro lado

A veces se habla del matrimonio como un modelo que sirve para regular el estatus legal y la propiedad de dos personas que han decidido unir sus vidas. ¡Pero en realidad es tanto más que eso! ¿Sabías que el matrimonio es en realidad un pacto sagrado –una promesa o acuerdo vinculante que define las obligaciones y compromisos– que Dios misma celebra con nosotros? Es su presencia y compromiso en el matrimonio lo que marca la diferencia.

"Y además la cuerda de tres hilos no se rompe fácilmente"
(Eclesiastés 4:12b).

Este versículo está grabado en nuestros anillos de bodas para recordarnos que nuestra unión no está basada solo en nuestra decisión de estar juntos o en nuestra situación legal como pareja, sino en un pacto poderoso celebrado entre nosotros y Dios. ¡Él es el tercer hilo en la cuerda de nuestro matrimonio! La belleza de estar en una relación de pacto con Dios es que Él no cambia. El promete ser fiel, aun cuando nosotros somos infieles:

"Si no somos fieles, El sigue siendo fiel, porque no puede negarse a sí mismo" (2 Timoteo 2:13).

Lo maravilloso de este pacto es que puede ser renovado en cualquier momento, independientemente de dónde estemos como pareja o cuánto hayamos fracasado. Estas son buenas noticias, no solo para los que ya estamos casados, ¡sino para cualquiera que esté considerando casarse! Como Dios es el tercero en nuestro matrimonio, siempre podremos construir juntos nuevos y mejores cimientos. ¡Él nos ayudará! Y así como nos ama, es fiel con nosotros y pelea por nosotros, así también podemos ser amorosos, fieles y pelear el uno por el otro.

Algunos entran al matrimonio flotando en una nube rosa de romanticismo y entusiasmo, pero tienen poca experiencia en la construcción de la unidad y relaciones sólidas. Cuando surgen tensiones y dificultades, aparecen la frustración, la desilusión y se sienten abrumados. El amor por nuestra pareja se diluye y la fe en el matrimonio sufre sacudidas. La atención pasa de la pareja hacia uno mismo; nos volvemos ensimismados. Si se instala la desilusión o la desesperación y crece dentro nuestro, la relación se enfriará o incluso se romperá. Pero si entendemos la naturaleza del pacto matrimonial y que Dios está por nosotros y presente con nosotros, las cosas pueden empezar a cambiar.

Imitar el ejemplo de Cristo

Hay que admitir que probablemente la gran mayoría de nosotros ha llegado al matrimonio con la decisión de casarse, aunque esa decisión haya venido salpicada de alguna cuota de egoísmo. ¡Quizás pensábamos –y seguimos pensando todavía– mucho más en nosotros que en nuestro propio cónyuge! No siempre es fácil pensar en atender la necesidad del otro, especialmente en un entorno cada vez más individualista, donde muchos de los que nos rodean están cada vez más absorbidos en sus propios asuntos. Pero no hay espacio para el egoísmo en el pacto matrimonial. El egocentrismo nos consume, nos debilita y puede causar un daño tremendo.

El corazón de Dios y su motivación para celebrar un pacto con nosotros, son totalmente diferentes, como claramente lo muestra el ejemplo de nuestro Señor Jesucristo.

"Porque ni aún el Hijo del Hombre vino para que lo sirvan, sino para servir y dar su vida en rescate por una multitud" (Marcos 10:45).

En Filipenses 2:5-11, el apóstol Pablo describe cómo Jesús, aun siendo Dios y Rey del universo, se humilló a sí mismo y tomó la forma de siervo humilde. La mayoría de los monarcas jamás soñaría con cederle el lugar a uno de sus siervos, ¡sin embargo eso fue lo que hizo Jesús! Dejó su trono y vino a este mundo, no para reinar, sino para servir. Él nos muestra un camino alternativo al egoísmo y al egocentrismo. Su vida sirve de modelo por su corazón y actitud de verdadero siervo, y nos muestra un camino mejor para nuestra vida.

Si deseamos (re)conquistar el corazón de nuestra pareja y crecer juntos en el amor y conexión mutua, haríamos bien en imitar el ejemplo de Cristo. En vez de aferrarnos a nuestros derechos y esperar a ser servidos en el hogar como reyes o reinas, debemos bajarnos del trono y preguntarnos: *"¿Qué es lo mejor para mi esposo o esposa?"*. Cuando soltamos nuestro egoísmo y aprendemos a servirnos unos a otros en humildad, como

Cristo hizo, y en la fortaleza que Él provee, crecerá nuestro amor y unidad.

Pausa para pensar

- ¿En qué te cambia saber que tu matrimonio está basado en un pacto sagrado?
- ¿En qué áreas de tu matrimonio has tenido una actitud egoísta?
- ¿Cómo puedes amar y servir mejor a tu compañero/a, siguiendo el ejemplo de Jesús?

Toda vez que sea necesario, pídele a tu cónyuge que te perdone.

Puedes decir: *"Mi querida/o (nombre). Siento que muchas veces me he puesto en primer lugar y he sido egoísta. ¡Perdóname, por favor!"*

Capítulo 3

UNA NUEVA CREACIÓN

Dos se convierten en uno

Dios crea algo nuevo a través del pacto matrimonial. Se trata de un pacto entre Dios, un marido y una esposa. Nadie más. Pero para muchos, sin embargo, parece haber en su matrimonio bastante más gente de la que desearían. Es como si en medio de nosotros hubiera otras personas, ajenas a la pareja, con las que no nos sentimos muy en libertad. Pueden ser nuestros padres, suegros, hermanos, amigos y hasta exmaridos o exesposas. Es importante tener una mirada honesta sobre nuestro matrimonio y orar por libertad si es que no nos sentimos libres.

En este capítulo nos centraremos en dos áreas claves: la relación con nuestros padres y la liberación de parejas sexuales anteriores. Se pueden aplicar, sin embargo, los mismos principios y las mismas oraciones para otros tipos de relaciones también.

Relación con los padres

Como ya lo observamos antes, a los ojos de Dios, un matrimonio es siempre una nueva creación. En Génesis 2:24, leemos:

"Por eso el hombre deja a su padre y a su madre para unirse a su esposa, y los dos llegan a ser como una sola persona".

El diseño de Dios del matrimonio, por lo tanto, es que un hombre y una mujer, habiendo dejado a su madre y a su padre —es decir su casa paterna— formen una unión íntima y profunda. Hemos visto que muchos problemas en el matrimonio tienen su origen en el hecho de que —ya sea el esposo o la esposa— no están completamente libres de sus padres a nivel espiritual o emocional. Debido a esta falta de libertad, pueden aparecer tensiones en la relación de la pareja.

Por lo general, el problema no es ni siquiera que los padres o los suegros no quieran dejar ir a sus hijos ya casados. Más bien, por la razón que sea, la hija o el hijo no se siente completamente libre de sus padres. Como resultado, al hijo o hija le resulta difícil crecer en una unidad más profunda con su pareja, tal como Dios lo pensó. Pero dejar a los padres para unirse a la esposa o al esposo *es crucial* para lograr esa unidad juntos.

La mayoría de los padres tienen buenas intenciones y desean lo mejor para sus hijos, aún después de que se han ido de su casa. El consejo de los padres por lo general siempre es bienintencionado, pero un matrimonio debe aprender a tomar sus propias decisiones sin sentirse presionado o manipulado por los padres o la familia política.

Pausa para pensar

- ¿Te sientes emocionalmente libre de tus padres?
- ¿Tu esposo o esposa se siente libre de sus padres?

Si alguno de los dos no se siente libre en su relación con sus padres, es posible que necesiten orar para cortar cualquier tipo de atadura emocional o espiritual negativa que aún tengan con ellos. Cuando oramos de esta manera, no estamos diciendo que ellos hayan hecho todo mal. Tampoco estamos emitiendo un juicio contra ellos. No estamos rechazándolos como personas, ni abandonándolos ni excluyéndolos de nuestras vidas. El punto es simplemente que solo podemos alcanzar una unión y comunión plena si *primero* no dejamos a nuestros padres. Este acto de dejar incluye el sentirnos libres para organizar nuestra propia vida y tomar nuestras propias decisiones, aun ante consejos dados con buenas intenciones o algún acto que se sienta o se perciba como una interferencia o intromisión.

Una vez que somos libres espiritual y emocionalmente de nuestros padres y suegros, será posible establecer límites saludables juntos. Podremos además responder con el amor y respeto adecuados cuando vemos que se está cruzando un límite. El mismo principio se aplica a otro tipo de relaciones. La capacidad para poner límites en diferentes niveles juega un rol importante si deseamos disfrutar una unidad más profunda y mantenerla en el tiempo.

Oración:

Orar juntos para recibir liberación puede ayudar y marcar una gran diferencia. Hemos visto que aun las parejas que han estado casadas por muchos años pueden no sentirse completamente libres de sus padres, pero la siguiente oración puede traer paz y unidad y nunca es tarde para orar.

Pueden decir así:

> *"En el nombre de Jesucristo, corto toda ligadura del alma y toda conexión entre mis padres y yo en el reino espiritual que no venga de Dios. Declaro que ahora estoy casada/o y viviendo en unión con mi esposo/a como parte*

de una nueva creación hecha por Dios y en pacto con Él. Ahora somos una familia distinta e independiente. Te damos gracias, Señor, por nuestros padres y los bendecimos en el nombre de Jesús".

Liberación de parejas sexuales anteriores

El buen sexo en el matrimonio reaviva y refresca la relación, trayendo un sentido general de bienestar, satisfacción, seguridad y sentido de pertenencia. Ello, a su vez, aumenta nuestra unidad y nos inyecta una vida y fortaleza renovadas. Dado que el sexo es tan poderoso, el apóstol Pablo urge a los matrimonios a no descuidar esa área ni adoptar el hábito de no dormir juntos:

"Por lo tanto, no se nieguen el uno al otro, a no ser que se pongan de acuerdo en no juntarse por algún tiempo para dedicarse a la oración. Después deberán volver a juntarse; no sea que, por no poder dominarse, Satanás los haga pecar" (1 Corintios 7:5).

Pablo no está hablando aquí de tener sexo a voluntad. Somos seres humanos, no robots, por lo que es importante tomar tiempo para crear una atmósfera romántica donde ambos se sientan cómodos, y se pueda encender y experimentar el deseo del uno por el otro. El sexo también está influenciado por lo que sucede en nuestra relación en general. Tener buena comunicación, tratar rápidamente las heridas que hay en la pareja y perdonarse pronto ayuda a promover una atmósfera donde pueda darse la relación sexual. Trataremos este tema en los capítulos más adelante.

El tema central de este capítulo es el llegar a ser uno, pero aún puede ser difícil de lograr si no somos libres de las parejas sexuales anteriores. Esto se debe a que cuando tenemos sexo fuera del marco del pacto matrimonial, se generan ataduras negativas en el alma. Los espíritus inmundos pueden también entrar a nuestra vida a través del contacto sexual e íntimo con otras personas; esto perturba nuestro sentido de libertad interna. Nuestra pareja puede también sentir que *alguien* o *algo* está interfiriendo en nuestra conexión.

Por lo tanto, si hemos tenido parejas sexuales anteriores, es importante cortar toda atadura espiritual y emocional para poder alcanzar una unidad plena entre ambos, conforme el propósito de Dios.

Nota: No siempre será apropiado hablar con la pareja sobre relaciones sexuales anteriores, ya que puede causar heridas o traer confusión. En este caso, lo mejor será hacer las oraciones en forma individual.

Pausa para pensar

- ¿Te sientes libre de las anteriores parejas sexuales?

Oración:

Si no te sientes libre, te invitamos a hacer esta oración:

"Jesús, siento haber tenido sexo con __________. Te pido que me perdones y me limpies. En tu nombre, corto toda atadura con (nombre, si lo sabes) en el mundo espiritual y corto toda atadura impía del alma. Ordeno a cada espíritu que ha entrado en mi vida a través de esta relación que se vaya en el nombre de Jesús".

Por lo general se puede sentir una presión en el cuerpo cuando se hace esta oración, seguida de una sensación de liviandad o de libertad cuando piensa en esa expareja. Se debe repetir esta oración para cada persona o situación que traiga el Espíritu Santo a la memoria hasta que uno se sienta completamente libre.

Si aún sientes heridas de tus relaciones anteriores, también es necesario recibir sanidad en esa área. Vamos a ver este proceso en la sección sobre sanidad.

Capítulo 4

CÓMO IDENTIFICAR LOS OBSTÁCULOS QUE IMPIDEN LA UNIDAD

El caos institucionalizado

Así como los que reman en kayaks dobles pueden perder el ritmo si se distraen, así también las parejas pueden perder la sincronización por más de una razón y al menor descuido. El primer paso para la restauración será identificar lo que ha perturbado la unidad. En este capítulo veremos cómo las diferencias de cultura y de idioma, las mentiras y los patrones de conducta negativos pueden sabotear constantemente nuestros esfuerzos para estar más unidos. Una vez que entendemos qué es lo que está sucediendo, las cosas pueden empezar a cambiar.

Diferencias de cultura y de idioma

¡En nuestro matrimonio, tenemos cuatro culturas y tres nacionalidades diferentes! Daniel es de Suiza, Esther es suizo-británica y nació en Kenia, donde pasó sus primeros años de formación. Ambos nos casamos y al poco tiempo nos mudamos a la Argentina. Terminamos viviendo diez años en ese país y allí nacieron nuestros hijos. Esta variedad de culturas e idiomas en nuestra historia ciertamente le ha dado un buen sabor a nuestra familia y ha hecho nuestra vida más interesante, pero hemos tenido que trabajar mucho para alcanzar el nivel de unidad que hoy podemos disfrutar como pareja y como familia. Tuvimos que aprender a entendernos, lo cual no siempre fue fácil, (y para ser honestos, ¡a veces aún seguimos teniendo alguna dificultad!).

Los idiomas son algo curioso. ¿Te ha pasado alguna vez que dijiste alguna cosa y la persona que te estaba escuchando, entendió algo completamente diferente y muchas veces sin siquiera darse cuenta ninguno de los dos? A los padres de Daniel les gusta contar la historia de la primera vez que su madre conoció la familia de su padre. Su madre es de Zurich y su padre, de Berna. Si conoces algo de Suiza, sabrás que son dos regiones cultural y lingüísticamente diferentes, ¡aun cuándo se hable el mismo idioma y estén a una hora de distancia! Resulta que un domingo después del servicio en la iglesia, alguien se acercó a la madre de Daniel y le dijo con un fuerte acento de Berna: *"He oído hablar mucho de usted. ¡Solo cosas buenas!"*. Pero su madre entendió: *"He oído hablar mucho de usted. ¡No todo es bueno!"*. Ella quedó sorprendida y pensó: *"Oh, no, ¿qué habré hecho que la gente tiene tan mal concepto de mí...?"*. ¡Imaginen su alivio cuando se enteró que solo se había tratado de un malentendido por el idioma, y que en realidad todos la querían!

Una diferencia de tipo lingüística o cultural puede llegar a impedir que crezcamos en una unidad más profunda, así que vale la pena tomar tiempo para reflexionar sobre cualquier diferencia y realmente hacer todo el esfuerzo para tratar de entenderse el uno al otro. Si en tu matrimonio hay problemas de tipo cultural o idiomático, ¡queremos animarte! La unidad es posible, aún en matrimonios multiculturales o multilingües. Se necesita quizás un poco más de fe, paciencia y determinación para que funcione, pero funcionará.

Cuando la mentira es el problema

Un día estábamos sentados en un café, disfrutando de un momento de silencio, cuando una pareja ya anciana entra al lugar y se sientan a la mesa de al lado. Después de un rato, la mujer empezó a decirle en voz alta: *"¡La verdad es que últimamente me has estado mintiendo tanto! ¡Ya no te creo ni una palabra más!"*. Hemos conocido mucha gente como este hombre, que no se toma en serio el decir la verdad. Para ellos (o ellas) mentir no es un gran problema. Pero creemos que esta actitud de no decir la verdad es una de las razones por la cual muchas relaciones fracasan. Porque si realmente no sabes lo que sucedió en una situación que causó una herida, pérdida o que trajo caos, será difícil ponerse de acuerdo sobre quién debería pedir perdón a quién y por qué. Y se hace más difícil aún perdonarse y caminar hacia adelante, juntos en paz, unidad y confianza.

Las mentiras dejan una marca de frustración, amargura y heridas. Estas reacciones negativas, a su vez, pueden infectar nuestro interior, preparando el terreno para futuros conflictos. Decir la verdad es importante en cualquier relación, no solo en el matrimonio. Cuando la gente miente y distorsiona las cosas a su propia conveniencia, cualquiera sea la relación, esta terminará siendo afectada. Si eres aquel a quien le están mintiendo, vas a estar dudando constantemente de la otra persona. ¿Te están diciendo la verdad? Y si no es así, ¿por qué no? ¿Cuál podría ser la verdad? ¿Qué es lo que no te están diciendo?

Desde temprana edad, en la casa o en la escuela, muchos aprenden a inventar historias para evitar que alguien les eche la culpa. Si pueden salirse con la suya, la mentira rápida se convertirá en un hábito que luego traerán a su vida adulta y muchas veces, al matrimonio. Pero el distorsionar la verdad, no importa cómo trates de presentarla, es como mentir, y debe ser tratada como tal. La buena noticia es que aun los adultos pueden aprender a decir la verdad y a aceptar la culpa donde sea necesario. Dios es misericordioso, paciente y perdonador. No tenemos que ser perfectos todo del tiempo, pero debemos admitir nuestros errores y determinarnos a cambiar nuestra manera de vivir.

Pausa para pensar

- ¿Te cuesta decir la verdad?
- ¿Mentir era un problema en tu familia?

Oración:

La verdad nos hace libres y construye confianza. Si mentir es un problema en tu vida, puedes tomar estos pasos de oración para recibir liberación.

1. Perdona a los padres, familiares o ancestros para quienes mentir era o es un problema.

2. Pídele a Dios que te perdone por seguir en pecado, por no tomar la verdad seriamente la verdad y por mentirte a ti mismo. Acepta el perdón de Dios.

3. Como matrimonio, pídanse perdón si se han mentido uno al otro. (Este paso puede aplicarse a uno de los esposos, no necesariamente a ambos).

4. Si tu pareja te ha mentido, entrégale a Jesús el dolor que ha causado la mentira. Pídele que sane tu herida.

5. Si eres tú quien ha mentido, libérate del espíritu de mentira y ordénale que se vaya en el nombre de Jesús. Continúa orando hasta que seas libre.

Patrones de conducta negativos

Si nos descuidamos, las acciones y reacciones negativas entre nosotros puedan volverse patrones repetitivos que nos terminarán separando y nos robarán le esperanza y la energía. Pero la buena noticia es que se pueden reconocer y superar. Hemos visto que la mayoría de las parejas en algún momento han experimentado patrones negativos en su matrimonio. Los podemos identificar cuando reflexionamos en los motivos que generan las discusiones en la pareja. ¿Hay alguna palabra, mirada, gesto o situación que nos terminan llevando hacia las mismas viejas discusiones o peleas?

Algunas de las conductas negativas pueden ser de larga data. Podemos haber estado encerrados en patrones de conducta inútiles por años. Además de los patrones negativos que se hayan desarrollado con el tiempo como resultado de la interacción en la pareja, podemos haber traído a nuestro matrimonio actitudes y conductas negativas de otro tiempo. Esta es una capa extra de perturbación que habrá que tratar conforme avanzamos hacia una mayor unidad como matrimonio.

Un ejemplo: crecer con violencia y adicciones

Hemos trabajado con muchas mujeres quienes han sufrido lo que ellas describen como una mala relación con su padre. Quizás tuvieron un padre alcohólico y propenso a la violencia en el estado de borrachera. Este es el caso de Mayra. Conforme pasan los años, las semillas de una profunda desconfianza hacia el varón se van plantando en el corazón de Mayra y va arraigándose en su mente un pensamiento errado. En el fondo, ella siente que todos los hombres son como su padre, o al menos, ve que tienen el potencial de terminar siendo como él. Un día, sin embargo, conoce a Rodrigo, que parece ser un buen hombre. Se enamoran y se casan. Pero ella nunca ha resuelto la relación con su padre. La fuerte desconfianza hacia el varón aún está allí. Aunque ella no se da cuenta, la creencia central que Mayra tiene acerca de los varones –y por defecto, su esposo– es: *"Los hombres son irresponsables y no se puede confiar en ellos. Es más seguro y mejor para mí hacer todo yo sola y no dejar que mi esposo se acerque demasiado"*. Ella toma el control en la casa y mantiene a Rodrigo a una distancia emocional que a ella la hace sentir segura.

En este ejemplo, ¿cómo podría reaccionar Rodrigo a los mensajes verbales y no verbales de su esposa de que él no es digno de confiar? Bien, ciertamente se va a dar cuenta de los sentimientos que tiene su esposa hacia él. En algún punto, Rodrigo captará el mensaje de que ella no confía en él. Esto es doloroso para cualquier hombre y por lo general lleva al conflicto. Aunque este ejemplo genérico puede parecer muy simplista, sirve para ilustrar cómo los patrones negativos pueden ponerse en marcha ya en la primera etapa de la vida y lo que puede hacer la falta de confianza en un matrimonio.

Para romper el patrón negativo, Mayra deberá estar dispuesta a revisar la relación con su padre y resolver cómo la ha afectado. Puede que necesite sanidad de varios recuerdos dolorosos. También deberá perdonarlo por las heridas y por fallarle a ella y a su familia. Y puede que deba recibir liberación del espíritu de desconfianza hacia los hombres. Deberá pedirle perdón a Dios y a Rodrigo por asumir el mando del hogar, por controlar a su esposo con su desconfianza. Rodrigo, a su vez, deberá pedirle perdón a Dios y a Mayra si él ha respondido a su conducta y a sus mensajes con enojo y agresión, o con una actitud pasiva y retraída.

Este es solo un ejemplo de patrones negativos que pueden darse entre esposo y esposa que hemos visto durante años en nuestro trabajo como consejeros de oración. Pero también hemos visto a Dios ayudando a incontables matrimonios a romperlos y a recibir sanidad y liberación.

El Espíritu Santo nos guía y nos ayuda a descubrir cuáles son los obstáculos que impiden la unidad y que están ocultos muy profundamente en nuestro interior. Él es maravilloso para ayudarnos a encontrar la "basura" dentro nuestro y para liberarnos de lo que ya debemos dejar ir. Él nos ayuda a limpiar nuestra vida y nuestro matrimonio de modo que podamos crecer en unidad y juntos podamos experimentar un mayor gozo y contentamiento.

Pausa para pensar

- ¿Hay algún patrón negativo en tu matrimonio?
- ¿Se repiten situaciones que llevan a que se repitan a su vez las mismas peleas? Si es así, ¿cuándo empezó ese patrón negativo? ¿Ha sido desde el comienzo de tu matrimonio o se ha desencadenado a partir de ciertas palabras, miradas o situaciones?

Capítulo 5

CÓMO SUPERAR LOS OBSTÁCULOS QUE IMPIDEN LA UNIDAD

Introducción a las herramientas de oración

Una vez identificados los obstáculos que impiden la unidad, ¿cómo tratamos con los pecados, las heridas y los espíritus que generan estos obstáculos? Una forma efectiva es aplicar las herramientas de oración para sanidad y liberación. Presentaremos cada una de ellas en las diferentes secciones más adelante en el libro y te mostraremos cómo usarlas y combinarlas. ¡Nos encantan estas herramientas y las hemos usado para resolver muchos conflictos en nuestro propio matrimonio! En cada caso, el Espíritu Santo nos mostró dónde estaba el problema, y qué pasos debíamos dar para superarlo y encontrar paz nuevamente, tal como lo muestra esta anécdota personal.

El enojo sin razón aparente

Un día, yo (Daniel) estaba enojado con Esther, ¡pero no tenía idea del por qué! Parecía que algo que ella había dicho desencadenó en mí una reacción negativa que no lograba entender. Me dije a mí mismo: *"No quiero sentirme enojado todo el día ni culpar a mi esposa injustamente. ¡Le pediré al Espíritu Santo que me muestre lo que está pasando dentro mío!"*.

Cuando me dispuse a orar, de pronto recordé la escuela a la que asistía cuando era niño y a una maestra en particular. No podía alcanzar a ver de inmediato cuál era la relación entre lo que estaba sintiendo en el presente (enojo hacia mi esposa) y ese recuerdo. Lo único que sí podía ver como conexión era que Esther es una docente calificada. Pero cuando me detuve a pensar sobre el tema, ¡me di cuenta de lo que el Espíritu Santo estaba tratando de decirme! Verán ustedes, esta maestra solía tratar a los alumnos muy injustamente. Siempre estábamos nerviosos, preguntándonos a quién iba a reprender esta vez, esperando no haber hecho nada malo que pudiera ponerla de mal humor. Me di cuenta de que nunca había perdonado realmente a esa maestra. ¡Y dado que habíamos tenido la misma docente durante tres años seguidos, había acumulado un grande y profundo enojo! Nunca había hablado sobre el tema con nadie, ni había dejado ir ese enojo. Pero el Espíritu Santo sabía que ese sentimiento aún estaba allí. Él me ayudó a expresar finalmente toda la injusticia de esa situación. Con las herramientas de oración, yo pude llevar mi enojo a Jesús y dejarlo a los pies de la cruz, y perdoné a la maestra por todas las veces que nos aterrorizaba en el aula.

Después de orar en esta dirección, inmediatamente volví a sentir paz. El enojo hacia Esther se había ido, ¡lo cual fue un gran alivio para ambos! Si no hubiera sabido que podía pedirle al Espíritu Santo que me muestre la raíz del enojo y cómo tratar el tema, podría haberme quedado con el mal humor todo el día y terminar peleando con mi esposa. Como lo muestra este ejemplo, cuando estamos molestos o nos enojamos con nuestra pareja, ¡puede no ser por algo incorrecto que hayamos dicho o hecho! Puede que ciertas miradas o actitudes disparen una reacción en nosotros que está relacionada a otra situación en nuestra vida que debamos resolver. Una reacción de este tipo podría ser una señal de que debemos perdonar a alguien o reconocer una herida del pasado para recibir sanidad.

Muchos reprimen el dolor emocional, ocultándolo en su interior en vez de expresarlo y tratar el tema como corresponde. Pero cuando hacemos esto, en vez de sanar la herida y avanzar, nos quedamos con el enojo, el resentimiento y la falta de perdón que no tienen explicación. Pero el Espíritu Santo puede mostrarnos donde está verdaderamente el problema. ¡Él nos puede sanar y hacernos libres!

Problemas generacionales

A veces los problemas con los que luchamos, tales como la mentira, el enojo, la falta de confianza, el control y el odio hacia los hombres o mujeres han estado realmente en nuestra familia por generaciones. El "bagaje" generacional puede abrumarnos e impedir que experimentemos el profundo amor, la genuina amistad y la estrecha unidad que tanto anhelamos.

Reflexionar en oración sobre la familia en la que hemos nacido es un primer paso práctico para superar los obstáculos generacionales a la unidad en el matrimonio. La Biblia dice que los pecados de las generaciones anteriores pueden afectar a sus descendientes hasta la tercera y cuarta generación (Éxodo 20:5). Hemos visto la prueba de esto en muchos matrimonios que hemos ministrado durante los años de ministerio. Asimismo, la tendencia a continuar con ciertos pecados a menudo pasa de una generación a la otra, hasta que la cadena se rompe.

Vale la pena examinar si algunos de los rasgos o conductas negativas con los que estás luchando en tu matrimonio están presentes también en tu línea familiar. Con profundo respeto, considera la vida de tus padres, abuelos y bisabuelos y compáralos con tu vida. ¿Alguno de ellos ha tenido las mismas luchas que estás teniendo tú?

Por ejemplo, como matrimonio, ambos teníamos un problema con el enojo. Podíamos llegar a enojarnos mucho y a herirnos con nuestros arrebatos. Era como si en ciertos momentos "algo" *viniera sobre* nosotros, que *no era parte* de nosotros, y era muy difícil de controlar. Nos dimos cuenta que ese fuerte enojo estaba presente en ambos lados de la familia y así decidimos ponerle fin. Usando las oraciones para recibir liberación que presentamos en este capítulo, perdonamos a nuestros ancestros por pasar el enojo a nuestra generación como herencia espiritual. Nos arrepentimos por haber continuado en el mismo pecado. Le ordenamos al espíritu de enojo que se retire de nuestras vidas y así lo hizo. Desde entonces, hemos podido controlar y tratar con esta emoción en forma adecuada y no hemos tenido mayores conflictos matrimoniales que tuvieran que ver con el enojo.

Si estás o están luchando con problemas generacionales que afectan la unidad en el matrimonio, queremos animarte. Al igual que nosotros, ¡Dios puede hacerlos libres! Tenemos un enemigo en el mundo invisible que no desea que estemos juntos y felices. Él desea que peleemos, cedamos al enojo y terminemos desunidos, llenos de heridas y autocompasión o incluso con odio entre nosotros. Pero Dios nos ha dado armas poderosas, herramientas de oración efectivas que podemos usar para poner fin a sus planes y vencer su poder en nuestra vida y pareja.

A veces es más fácil que sea nuestro esposo o esposa quien vea nuestros rasgos negativos y no nosotros mismos. Pero si abordamos el problema en humildad y amor mutuo, vamos a sorprendernos con lo que podemos descubrir juntos. Una vez que hayamos hecho una lista de problemas generacionales que están activos en nuestra vida, ya podemos llevarlos ante Jesús. Recordar su sacrificio por nosotros en la cruz nos ayuda a perdonar a nuestros padres y ancestros por habernos transferido los mismos rasgos y por cualquier consecuencia de sus pecados que nos pueda estar afectando hoy. También nos coloca en la actitud mental correcta para arrepentirnos toda vez que nosotros mismos hayamos tolerado los mismos pecados y hayamos seguido viviendo en ellos.

Pausa para pensar

- ¿Puedes identificar rasgos negativos pecados o problemas que están presentes en tu línea familiar?
- ¿Están presentes en tu matrimonio hoy? Si es así, ¿cómo están afectando tu relación?

Oración de liberación:

Puedes aplicar la siguiente herramienta de oración para traer estos temas ante Dios.

1. Dile a Jesús de qué deseas ser liberado.

2. Perdona a los miembros de tu familia que te han traspasado una tendencia negativa.

3. Pídele a Dios que te perdone por repetir los pecados de tus abuelos y/o tus padres.

4. Ordena al espíritu que está tras el pecado que se vaya en el nombre de Jesús.

5. ¡Agradécele a Jesús por haberte hecho libre!

Ejemplo: Cómo orar por el enojo generacional

Para ser libres del enojo generacional, el primer paso es perdonar a tus padres (o abuelos) por retener el enojo en sus vidas. Luego pídele a Dios que te perdone por seguir viviendo en el mismo pecado que ellos. Pídele perdón a Dios por las veces que has herido a otros con tu enojo.

Puedes decir:

> *"Amado Señor Jesús, ¡deseo ser libre de mi enojo! Perdono a mis antecesores por mantener el enojo en sus vidas y por pasarme su tendencia a mí. Por favor, perdóname por mis propios arrebatos de enojo y por herir a otros cuando estaba enojado. Yo le ordeno espíritu de enojo que me deje ahora, en el nombre de Jesús".*

Cuando ores por liberación, puede que sientas una reacción física en tu cuerpo. Podría ser un sentimiento de náusea, o una presión en la cabeza, estómago o pecho que no estaba allí antes de empezar a orar. Puedes sentir de repente una sensación de liviandad o de alivio, o que algo se está retirando del cuerpo. Por lo general, experimentamos liberación de una manera tangible. Es importante continuar orando hasta sentir paz y asegurarse que el espíritu se haya ido. Si se ha ido, deberás notar la diferencia. Por ejemplo, es posible que puedas controlarte mejor en ciertas situaciones que antes te hubieran causado enojo.

Nota: Se pueden aplicar los pasos de oración para recibir liberación para otros temas tales como odio al varón o a la mujer, miedo, necesidad de control, amargura y así sucesivamente.

Capítulo 6

SEIS CONSEJOS PARA CRECER EN UNIDAD

Inspiración para la vida diaria

Las soluciones prácticas por lo general van de la mano de oraciones para recibir sanidad y liberación. Al final de esta sección hemos incluido una lista de seis acciones que puedes llevar a cabo hoy para que crezca el amor, la amistad y la conexión en el matrimonio. Esperamos que esta breve lista ilumine tu imaginación, inspire tus propias ideas creativas y te ayude a descubrir qué es lo que mejor funciona para ustedes dos.

1. Coman juntos

Compartir el tiempo de las comidas crea una atmósfera de compañerismo y promueve la comunicación y la amistad. Piensa en cada comida no solo como una oportunidad para darle combustible y nutrición al cuerpo, sino como un momento que vale oro en tu día o en tu semana, donde es posible disfrutar el estar juntos, ponerse al día y ver cómo están marchando las cosas.

2. Programen una salida solos

Sea que estén casados hace unos meses o unas décadas, pueden programar una salida juntos, tal como lo hacían antes de casarse. ¡Algunas parejas se olvidan de hacerlo! Busquen un día y una hora que les convenga a ambos y agéndenla. Y luego mantengan la fecha. Una salida no tiene que ser sofisticada ni cara; lo importante es hacerse el tiempo para ambos y hacer algo que a ambos les guste.

3. Hagan cosas juntos

Muchas parejas realizan las tareas domésticas y actividades de ocio cada uno por su lado, pero esta forma de conducirse les deja poco tiempo para estar juntos como pareja. Deberían en cambio intentar hacer juntos la mayor cantidad de cosas posible y ayudarse en las tareas. Planifiquen bien el tiempo libre. Pregúntale a tu pareja qué le gusta hacer y ten en cuenta sus intereses de modo que hagan tareas que ambos disfruten. Planificar juntos un viaje, alguna actividad especial o vacaciones le dará a ambos proyección de futuro y los ayudará a mantener vivo el amor.

4. Trabajen en proyectos comunes

Centrarse en algo que vaya más allá del interés individual puede ser muy enriquecedor. Ayudar a otros, contribuir a la vida de la iglesia, involucrarse en proyectos del vecindario, en obras de caridad o aun practicar algún deporte en el club local son todas oportunidades para crecer y ayudar. No es necesario que hagan todo juntos. Solo mantengan el interés en lo que está haciendo la pareja y bríndenle el apoyo que necesita.

5. Busquen el tesoro

En medio del proceso de quitar los obstáculos que impiden la unidad, es fácil centrarse en lo negativo y en lo que hay que cambiar. Pero tu acuérdate de las buenas cosas que tiene tu matrimonio. Piensa en las cualidades de tu pareja. ¿En qué cosas se destaca en particular? ¿Qué es lo que más te gusta de él o ella? Cada uno de nosotros es valioso, fuimos creados por un Dios maravilloso. Aun cuando debas mirar a tu pareja con muy buena voluntad, siempre habrá algo valioso que descubrir en su persona.

6. Hagan un paseo por el jardín de los recuerdos

Piensen por un momento y háganse esta pregunta: ¿Por qué me enamoré de él/ella? ¿Qué fue lo que admiré o qué fue lo que me atrajo? ¿Cuáles son los mejores recuerdos que tenemos de nuestro tiempo juntos?

Tomen tiempo para celebrar cómo se encontraron y cómo es que han seguido juntos hasta hoy. Escuchen esa canción que tanto les gusta a ambos de la época en que se conocieron, o vuelvan a algún lugar que haya sido especial para ambos. Compartan los recuerdos de cuando eran novios y de su vida como matrimonio. Que tu pareja sepa que no importa lo que hayan pasado o lo que están pasando ahora, "¡Aún sigues siendo el amor de mi vida!"

COMUNICACIÓN

Aprender a comunicarse mejor

Capítulo 7

CÓMO SENTAR LAS BASES

La comunicación permite la relación

Se suponía que ese sería el día más feliz de nuestras vidas. Pero en esos momentos, yo sentía que era el peor. Al menos durante treinta minutos, yo (Daniel) permanecí de pie en el altar de la iglesia bellamente decorada, con la mirada fija en el rostro ansioso de amigos y familia que se habían reunido para ser testigos de nuestra unión (o lo que esperaban que fuera nuestra unión, ya que la novia aún no se había hecho presente...). Con la mandíbula contraída, reprimí la tensión en aumento que sentía y que quería aflorar, y me obligué a pensar racionalmente. Esther no era célebre por la puntualidad y yo lo sabía. Pero ella me había prometido que hoy, más que ningún otro día, el día de nuestra boda, ella llegaría puntual a la iglesia. Eso me dejaba dos alternativas: o bien había tenido un terrible accidente camino a la iglesia, o era una de esas novias fugitivas...

Afortunadamente, no fue ninguno de los escenarios que yo estaba imaginando. Por el contrario, todo se debió a un malentendido que había causado la demora en la peluquería. No había celulares en ese tiempo, así que le pidió a alguien que venía camino a la iglesia que me avisara que ella efectivamente estaba en camino. ¡Pero resulta que esa persona tuvo de repente un problema técnico que lo hizo olvidar del tema y nunca me entregó el mensaje!

La comunicación puede fallar por muchísimas razones, lo cual puede causar heridas, desilusión y frustración. Tristemente, este no fue el último problema de comunicación, ya que con los años hemos tenidos otros también.

Algunas situaciones eran exacerbadas por el hecho que hablábamos diferentes idiomas y veníamos de diferente trasfondo cultural, pero nos dimos cuenta que si deseábamos ser felices juntos y tener un matrimonio sanador, teníamos que hacer un esfuerzo por aprender a comunicarnos mejor entre nosotros.

Hoy podemos decir que ha valido la pena trabajar tanto. Nosotros estamos ahora en un lugar muy diferente en nuestra comunicación comparado con el momento en que tomamos los votos enfrente de nuestra congregación que muchos años atrás había suspirado de alivio al ver aparecer a la novia. Creemos que, al igual que nosotros, todo matrimonio –no importa cuán difícil pueda resultarles la comunicación– puede aprender a comunicarse mejor contando con la ayuda de Dios, las perspectivas y herramientas correctas.

Buena y mala comunicación

Podemos comunicarnos en diferentes niveles sin siquiera decir una palabra. La comunicación es en verdad más que solo hablar o escuchar. Es decir, hay una comunicación no verbal, que se da a través de la expresión facial, la mirada, los gestos, la postura, el tacto y la sexualidad. Todos estos canales nos permiten compartir y conectarnos, pero si no hay comunicación, no puede haber un relacionamiento real.

La habilidad en la comunicación no es algo con lo que necesariamente se nace. La mayoría tenemos que aprender a hacerlo de forma efectiva.

Interesante es que aún antes de la fundación del mundo, Dios Padre, Hijo y Espíritu Santo ya han estado en comunicación y en relación el uno con el otro. Pero a Dios también le agrada comunicarse con nosotros, los seremos humanos, y ¡Él lo hace de muchos modos diferentes! Por ejemplo, nos habla a través de la creación para que todos puedan oír y entender. A veces, habla directa y personalmente a través de sueños vívidos o de algún claro pensamiento en nuestra mente. Otras veces Él nos habla a través de circunstancias o de comentarios de otros. Pero la forma principal en la que Dios se comunica con nosotros es a través de su Palabra, la Biblia. ¡Así que no nos sorprende que ella tenga mucho para decir acerca de la comunicación! Aquí te dejamos unos ejemplos sobre cómo hablar y cómo escuchar:

- *"Recuerden esto, queridos hermanos: todos ustedes deben estar listos para escuchar; en cambio deben ser lentos para hablar y enojarse"* (Santiago 1:19).
- *"La respuesta amable calma el enojo; la respuesta violenta lo excita más"* (Proverbios 15:1).
- *"No digan malas palabras, sino solo palabras buenas que edifiquen la comunidad y traigan beneficios a quienes las escuchen"* (Efesios 4:29).
- *"Al hombre se le alaba según su inteligencia, pero el tonto solo merece desprecio"* (Proverbios 12:18).
- *"Su conversación debe ser siempre agradable y de buen gusto, y deben saber también cómo contestar a cada uno"* (Colosenses 4:6).
- *"El que mucho habla, mucho yerra; callar a tiempo es de sabios"* (Proverbios 10:19).

Como lo muestran estos versículos bíblicos, la comunicación puede tener un impacto positivo o negativo. ¡Lo que decimos y cómo lo decimos no es un tema menor! Tanto las palabras amables como las duras tienen poder y traen consecuencias. La buena comunicación sana y edifica al otro. Escoger las palabras y respuestas correctas puede evitar el pecado y los conflictos innecesarios.

La mala comunicación, en cambio, ofende y provoca enojo. Además, causa heridas, abatimiento y conduce al pecado. Cuando esto sucede en la pareja, el resultado será la división y la falta de unidad. Si la unidad hace que un matrimonio sea fortalecido y poderoso, la falta de unidad lo debilitará.

Si nos ponemos en marcha para sanar y mejorar nuestra comunicación, podremos superar la división y restaurar la unidad. Y como nuestra unidad se restaura a través de una mejor comunicación, se abre un camino hacia una relación más romántica y más bella. Sentirse comprendidos en la pareja no tiene precio y abre la puerta a una mayor satisfacción sexual mutua. En cambio, el romance y la intimidad sexual sufren en una relación que se caracteriza por la mala comunicación. Si uno no se siente comprendido, es probable que se genere un distanciamiento entre ambos y que ello afecte la frecuencia y calidad de los encuentros sexuales.

Pausa para pensar

- ¿Has tenido alguna vez un contratiempo en la comunicación en tu matrimonio?
- ¿En qué áreas se comunican bien?
- ¿En qué áreas puedes mejorar la comunicación?

Capítulo 8

CÓMO PRIORIZAR LA COMUNICACIÓN

Obstáculos para una buena comunicación

Como matrimonio, no somos inmunes a la batalla espiritual que arrasa en el reino invisible. Tenemos un enemigo que se deleita en impedir la comunicación y que, siempre que pueda, intentará promover los malentendidos entre nosotros. Esta es su estrategia. En el griego original, el idioma del Nuevo Testamento, este enemigo de nuestras almas se llama *diabolos*. Este sustantivo viene del verbo griego *diabollo* y significa "acusar", "difamar" o literalmente 'confundir'. Cuando nos acusamos y nos echamos las culpas mutuamente, o hablamos mal de nuestra pareja con otros, hacemos cosas que debilitan o aun destruyen nuestro matrimonio. Pero hablarnos en tono amable fortalece nuestra relación.

Recuerdo cuando nos preparábamos para salir de la Argentina después de 10 años. Las últimas semanas fueron particularmente estresantes. No estábamos seguros si la partida sería permanente o si regresaríamos después de unos meses. Había que tomar muchas decisiones y pasarle todo nuestro trabajo al equipo de trabajo local. Tuvimos que empacar toda la casa y ocuparnos de cientos de otros detalles para irnos del país. También nos preparamos para visitar las iglesias de Inglaterra que fielmente habían apoyado nuestro ministerio durante años. Con tres niños a los que además había que cuidar, esa fue una época de desafíos para nuestro matrimonio, que estaba al borde de un ataque de nervios. Hubo tiempos en que en vez de comunicar en tono amable acerca de lo que había que hacer y quién iba a hacer qué cosa, ¡terminábamos echándonos la culpa el uno al otro! Luego conversábamos y nos pedíamos perdón si es que nos habíamos herido. Pero al mirar hacia atrás, sabemos que podíamos haber sido de ánimo uno al otro si nos hubiéramos comunicado mejor desde el principio.

Cambiando de perspectiva

Imagínate un marido que llega a casa cansado y desanimado. Ha tenido un día difícil en el trabajo, con muchos problemas y tensiones. No le cuenta nada a su esposa, que también volvió cansada de su trabajo. Él trata de fingir que está todo bien para no revelar lo que le está sucediendo. Pero por dentro se sigue sintiendo molesto y un poco preocupado acerca del rumbo que están tomando las cosas. Su esposa no le pregunta cómo le ha ido en el día y no registra lo mal que se siente. Para ella, ¡está todo bien!

Si no le contamos a nuestra pareja cómo nos sentimos, o por qué nos sentimos de un cierto modo, tendremos un malentendido, una tensión o pelea en puerta. Es fácil descargarse fácilmente con nuestro cónyuge cuando en realidad estamos molestos o enojados, pero por otro tema. En lugar de explicar que estamos un poco nerviosos por esta u otra razón, o que simplemente no nos sentimos bien, terminamos hiriendo al otro.

Si eres una persona naturalmente comunicativa, probablemente te será fácil hablar sobre cómo está tu vida y como te sientes desde tu perspectiva. Pero si no eres una persona por naturaleza conversadora, si no estás acostumbrado a compartir mucho con otros, puede que necesites ayuda en este aspecto. Por lo general no se trata de si uno se interesa o no por el otro, pero el quedarse callado puede dar a entender cierta falta de interés. Puede ser que simplemente no estés habituado a hablar de tus sentimientos.

De igual modo, nadie puede ser adivino y leerle la mente a su pareja, ¡aunque muchos creemos –o quisiéramos– que sí! Así que debemos buscar otras formas de saber cómo se siente realmente nuestro compañero/a. Una de las maneras más efectivas es preguntarle directamente. Está claro que el que haga las preguntas es el que llevará adelante la conversación. Preguntar refleja interés por la otra persona. Uno podría simplemente preguntar a su compañero qué hizo ese día, o cómo le ha ido. En este punto, es solo un intercambio de información o hechos.

Luego la conversación puede girar en torno a algo emocional, si se hacen preguntas acerca de los sentimientos. Por ejemplo, puedes preguntarle si tuvo alguna dificultad en su jornada, o cómo se sintió respecto de algo que sucedió.

¡Evita bombardear a tu pareja con demasiadas preguntas, que pueda verse como un interrogatorio! Es mejor buscar el momento adecuado y aprender a hacer las preguntas que comuniquen un interés y preocupación genuina. Busca oportunidades para conectarte a este nivel todos los días, si es posible, para estar al tanto de lo que ambos están haciendo o sintiendo.

Crear una cultura de confianza

En cierta ocasión le hicimos consejería a un matrimonio en el cual el esposo provenía de una familia muy humilde, con muy escasa comunicación en el seno de la familia, más allá de intercambiar la información básica. Aunque solían comer juntos, ambos comían lo más rápido posible y se retiraban de la mesa para seguir trabajando o para hacer tareas domésticas.

La falta de comunicación y conexión durante la infancia lo había llevado a sentimientos de aislamiento y soledad que continuaron hasta la adultez. Desesperadamente él quería algo diferente para sus hijos. Tomó una decisión a conciencia para crear una cultura de comunicación en su hogar, distinta a la que él había recibido en su familia de origen. Lo animamos a empezar a usar los tiempos de la comida para hablar con su esposa y los hijos. Aprender a hacer preguntas sencillas y escuchar con atención las respuestas le ayudó a crear una atmósfera de mayor confianza y cercanía en su casa. Nos contó que se sentía mucho más cerca de su esposa y de sus hijos que antes. ¿Quizás la forma en que tu familia se comunicaba cuando eras niño/a ha influido en la forma en que hoy te comunicas con tu cónyuge, con tus hijos y con los demás?

Como este hombre, tú también puedes elegir tener un nuevo comienzo. Ahora ya puedes dar pasos concretos para establecer una cultura diferente en tu matrimonio y en tu hogar. Nunca es demasiado tarde para empezar. ¡Y no hay paso que sea demasiado pequeño!

Pausa para pensar

- ¿Qué tan fácil te resulta indagar sobre cómo le está yendo a tu esposo o esposa o cómo se siente?
- ¿Cuánto podría influir en tu matrimonio la crianza recibida en el aspecto de la comunicación?
- ¿Qué tipo de cultura de comunicación te gustaría ver en tu matrimonio?

Capítulo 9

CÓMO SUPERAR LAS DIFERENCIAS

Cuando chocan dos mundos

La comunicación ha sido siempre una especie de desafío para nosotros. Esther se crio en Kenia e Inglaterra y es angloparlante nativa. Daniel, en cambio, se crio en Suiza y su lengua materna es el alemán. Así que desde el comienzo de nuestra relación hemos tenido que resolver nuestras barreras idiomáticas y culturales, tema que hemos tratado brevemente en el contexto de unidad en la sección anterior.

Barreras idiomáticas

Ambos somos por naturaleza comunicativos y hablamos bien el idioma del otro. Aun así, muchas veces tenemos malentendidos y nos frustramos con la calidad de nuestra comunicación. Un día nos dimos cuenta de que había un hilo conductor en nuestros problemas de comunicación: por lo general, o bien no revelábamos los detalles importantes o lo que decíamos no lo expresábamos de un modo tal que el otro pudiera entender con claridad.

Tan solo porque creemos haber entendido las palabras que dijo el otro, eso no significa que hayamos entendido lo que en realidad está diciendo. Algunas palabras pueden tener un significado diferente según sea el contexto, y aunque estemos unidos y sintamos una gran cercanía, ¡la información y las ideas que comunicamos no están automáticamente sincronizadas entre nuestros cerebros!

La siguiente regla general nos ha ayudado a mejorar la comunicación y a minimizar los malentendidos:

- Di lo que deseas decir con claridad.
- Si es necesario, dilo otra vez, pero de un modo diferente. Quizás puedas agregar un ejemplo, para clarificar.
- Verifica con el otro que el mensaje y los detalles hayan sido claros.

Desafíos culturales

La buena comunicación en un matrimonio transcultural como el nuestro no se trata solo de aprender el idioma del otro, ¡aunque ciertamente ayuda! Prestar atención a los matices culturales e idiomáticos puede ser muy importante para evitar los malentendidos.

Por ejemplo, un inglés podría educadamente expresar que tiene frío, diciéndole a su anfitrión: "Está un poco fresco hoy, ¿no?". Lo que está queriendo decir en realidad es: "Tengo frío, ¿podrías cerrar la ventana?". En Inglaterra, un comentario de este tipo, podría ser tomado por lo que es: el visitante no desea imponer su voluntad en la otra persona ni causar un inconveniente, pero es cierto que tiene una necesidad. El anfitrión probablemente responda ofreciéndose a cerrar la ventana. Un visitante suizo promedio en la misma situación, en cambio, es posible que simplemente pregunte: "¿Le molesta si cierro la ventana?". O simplemente se levantaría y realizaría la acción sin preguntar. Aunque estos ejemplos son claramente un estereotipo (habrá por supuesto suizos o ingleses que se comporten de modo diferente), el punto es que la cultura agrega una dimensión a la comunicación en el matrimonio la cual debemos tener en cuenta.

Este puede ser el caso aun si uno viene de diferentes regiones geográficas del mismo país, donde la gente se comporta de modo diferente. Así como tenemos diferencias culturales, también tenemos personalidades y estilos de comunicación diferentes. En conversaciones anteriores, Daniel a veces diría: "Cuéntame en una oración cortita lo que estás tratando de decirme!". Él no estaba acostumbrado a que la gente insinuara las cosas y no veía la relevancia inmediata de lo que Esther estaba tratando de decir. Ella se sentía herida al ver que él no se tomaba el trabajo de escucharla en profundidad o no tratara de entender su punto de vista. Hasta que un día nos dimos cuenta de que esto también era en parte un problema cultural. Esther comprendió que Daniel, al decir las cosas de manera directa, no pensaba que se estaba imponiendo sobre ella, y a la vez, Daniel se dio cuenta de que él tenía que buscarle un sentido a sus palabras y con paciencia pedir una aclaración cuando fuere necesario.

Nos enteramos de una pareja que asistió a un seminario sobre comunicación. El orador explicó a grandes rasgos los desafíos que tienen los matrimonios interculturales en un país como Suiza, con sus diferentes idiomas, dialectos y culturas. De repente, entendieron el origen de mucha de la tensión y conflicto en su matrimonio. La esposa es del cantón alemán de Suiza, y el esposo del cantón italiano. Culturalmente tienen diferentes prioridades en la vida. Ella encontraba propósito en su trabajo mientras que, para él, las relaciones le daban valor y propósito. Una vez que se dieron cuenta de esto, pudieron entender y adaptarse el uno al otro mucho mejor.

Crear una cultura única en el matrimonio

Cuando una pareja se casa, Dios crea algo nuevo. Esto incluye la oportunidad de construir una cultura única dentro del matrimonio; una cultura basada en valores y principios bíblicos claros, a la vez que cada uno aporta lo mejor de su trasfondo al matrimonio. Cuando se trata de tradiciones humanas e ideas, puede que tengamos que estar dispuestos a buscar un acuerdo y encontrar un punto medio en el que ambos nos sintamos cómodos. El respeto mutuo por el trasfondo y la identidad cultural de cada uno es importante. Debemos aprender a ser generosos y pacientes para darnos mutuo espacio para ser nosotros mismos sin una excesiva crítica. En última instancia, no importará tanto de qué trasfondo venimos ni cómo ni cuándo se chocan ambos mundos, el matrimonio siempre requerirá mutuas concesiones para que las cosas funcionen bien.

En cierta ocasión conocimos una pareja que se habían casado de grandes pero que, desafortunadamente, el esposo no estaba dispuesto o no podía incorporar a su nueva compañera a su vida. A él le molestaba hacer cambios en su estilo de vida que traía de cuando era soltero y su actitud hacía sufrir mucho a su esposa.

Pausa para pensar

- ¿Hay alguna barrera idiomática en su relación?
- ¿Existen desafíos culturales en su matrimonio?
- ¿Qué cultura en especial te gustaría ver en tu matrimonio? ¿Qué acciones podrían tomar juntos para construir esa cultura?

Capítulo 10

LOS ASESINOS DE LA COMUNICACIÓN

A qué cosas hay estar atento

Si no estamos atentos, podemos matar una conversación antes de que empiece, poniéndole fin a lo que podría haber sido un rico intercambio. En este capítulo veremos cuatro áreas comunes a la que debemos estar atentos: la elección de las palabras, el tono y volumen de la voz, la expresión facial y la queja. Si hacemos un esfuerzo consciente en cada una de estas áreas, no solo va a progresar nuestra comunicación como pareja, sino que el clima general en toda la familia va a mejorar también.

La elección de palabras

Leemos en la Biblia que la vida y la muerte están en el poder de la lengua (Proverbios 18:21). Nuestras palabras pueden traernos vida o muerte. Por esta razón la Biblia describe la lengua como un fuego, un mundo de iniquidad, con la que bendecimos a Dios y maldecimos a otros (Santiago 3:3-9).

Ciertas palabras e insultos pueden ser muy dañinos para una relación. Podemos decir cosas "en caliente" que sabemos que van a lastimar a la otra persona, pero las decimos de todos modos. En momentos como estos nuestro matrimonio parece cualquier cosa ¡menos un ambiente sanador! La buena noticia es que somos libres de elegir palabras que edifiquen a nuestra pareja y no palabras que la destruyan. Algunos están de acuerdo con esto en teoría, pero sienten que aún tienen el derecho de pronunciar palabras hirientes en ciertas situaciones. Esta actitud por lo general es contraproducente y tiende a avivar las llamas del conflicto. Hemos visto muchos ejemplos en nuestro ministerio durante los años de este abordaje, que se expanden en toda la familia como un fuego. Los padres y los hijos se insultan unos a otros con palabras que no tienen derecho a usar. Si no se trata el tema, esto se puede convertir en un hábito nocivo.

En los primeros años de nuestro matrimonio, también caímos en la trampa de decirnos cosas dolorosas en el calor de una discusión, pero pronto nos dimos cuenta de cuán destructivo esto fue para nuestra relación y decidimos parar, con la ayuda del Señor. Nos pedimos perdón y nos prometimos no emplear ciertas palabras, no importa cuán enojados estuviéramos. Tomar una decisión consciente de estar atentos a los términos nos ha llevado a una mayor paz en nuestro matrimonio. Si este es el problema, te animamos a tomar una decisión similar.

Evitar las palabras y formas hirientes no implica evitar conversaciones difíciles o barrer el conflicto bajo la alfombra. Al contrario, es importante tomarse el tiempo para hablar y zanjar las diferencias. Prepárense para estas conversaciones acordando un tiempo y lugar que sea conveniente para ambos. Decidan qué uno o dos temas van a conversar y cíñanse a ellos. Antes de comenzar a hablar, oren en su corazón:

"¡Espíritu Santo, dame tus suaves palabras!", y recuer-
den lo que dice la Biblia: "Las palabras dulces son un
panal de miel: endulzan el ánimo y da nuevas fuerzas"
(Proverbios 16:24).

Tengan en cuenta que el tono de voz, el volumen y las expresiones faciales pueden interactuar con nuestras palabras para desencadenar algo negativo en la otra persona. De alguna manera, puede traer a su memoria una situación del pasado donde hubo alguien que dijo algo similar o que se parecía o sonaba como tú. Emocionalmente, pueden sentir que están ante una maestra de su infancia (como contamos en un ejemplo anterior), un padre exigente, una hermana mandona, o quienquiera que sea, y revivir todo otra vez.

Si crees que esto te podría estar pasando a ti, orar juntos por sanidad y liberación de las heridas del pasado puede ayudarte a superarlo. Vamos a tratar este tema en los capítulos que siguen más adelante.

El tono y el volumen de la voz

De muchas maneras, el tono o la forma de hablar de cada quien es tan importante para la buena comunicación como las palabras mismas que usamos. Por ejemplo, si dices algo con un tono de voz impaciente, es probable que el otro piense que estás molesto o enojado con él. Este podría ser o no ser tu caso.

A su vez, nuestro trabajo puede a veces tener un impacto negativo en la forma en que hablamos a otros que son ajenos a nuestro ámbito laboral. Por ejemplo, los maestros, que están acostumbrados a dar órdenes y a reprender a los alumnos, pueden a veces sonar como autoritarios fuera del ámbito del aula. Hay que ser particularmente cuidadosos de no usar en casa un tono de sermoneo. ¡Pero hasta los que trabajan en el campo necesitan ayuda en esta área! (Una vez recibimos la llamada de la esposa de un hombre de campo de Suiza que estaba desesperada. ¡Parecía que a su esposo le costaba distinguir quién era la esposa y quienes las vacas, porque usaba el mismo tono brusco con todas ellas!).

De igual modo, si tu trabajo requiere que tengas que hablar poco, cuando estás en tu casa puede resultarte difícil hacer la transición a un modo de comunicación que sea extrovertido o ¡quizás debas compensar esta carencia hablando más de lo que desearías! Cualquiera sea tu situación, conviene prestar atención a cómo se hablan el uno al otro. Prepárate para ajustar tu tono de voz para evitar herir o provocar a tu pareja sin necesidad.

El volumen también juega un rol importante en la buena comunicación. Hablar en un tono alto de voz puede ser tomado como un desencadenante de agresión y violencia. Si tú sabes que vas a hablar de un tema difícil en que las cosas pueden irse de control, puede ser realmente útil prepararse de antemano. Piensa en tu tono de voz, en cómo sostenerlo en un volumen bajo y en cómo mantener una expresión amigable en tu rostro. Puedes practicar tu comunicación gestual y el autocontrol frente a un espejo e imaginar las posibles conversaciones.

La expresión facial

Como habrás notado, ¡el rostro puede ser muy expresivo! Sin decir una sola palabra, tu semblante puede comunicar felicidad, amabilidad, interés, empatía, impaciencia, enojo, miedo, aburrimiento y mucho más. De hecho, podemos decir mucho más de lo que nos damos cuenta a través de nuestra gestualidad. Si no somos cuidadosos, podemos hacer sentir al otro innecesariamente inseguro o incómodo. Hasta puede hacerse una idea equivocada acerca de quiénes somos o lo que sentimos.

La Biblia tiene algo para decir acerca de la expresión facial:

"La sabiduría ilumina la cara del hombre; hace que cambie su duro semblante" (Eclesiastés 8:1).

Si nunca has hecho esto antes, mírate bien al espejo. Presta atención a tu expresividad, tus gestos, tus muecas. ¿Tienes un rostro amigable y luminoso o más bien una mirada rígida y una apariencia dura? A veces debemos permitirle a Dios que transforme la dureza de nuestro rostro en una simple sonrisa.

Actitud de queja y fastidio

Algunos tienden a ver lo negativo en todo. Como resultado, siempre se están quejando y criticando. Les cuesta ver lo positivo en algo o en alguien. ¿Conoces gente así? En el matrimonio, una actitud de este tipo puede ser desgastante y difícil de tolerar en la convivencia. Pero el apóstol Pablo dice:

"Den gracias por todo, porque esto es lo que Él quiere de ustedes como creyentes en Cristo Jesús" (1 Tesalonicenses 5:18).

Nos hemos dado cuenta de que centrarnos en lo negativo y quejarnos todo el tiempo puede realmente enfermar a la gente, pero la gratitud es la mejor forma de superar una actitud negativa, vencer el mal humor y romper el hábito de quejas y lloriqueos. De joven, Daniel tuvo la oportunidad de observar el poder de la gratitud y los devastadores efectos de la negatividad en circunstancias singulares. Como estudiante de teología, no podía encontrar un alojamiento apropiado cerca de la facultad en Basilea y ¡terminó viviendo en un hogar de ancianos! Al principio se sintió aliviado por el solo hecho de haber encontrado una habitación, buena comida y servicio de limpieza, todo en un lugar impensado. Pero compartir la vida y las comidas con los ancianos de manera diaria finalmente resultó ser una experiencia mutuamente enriquecedora para Daniel y para ellos.

Durante el tiempo que vivió en el hogar, él notó que había dos tipos de residentes: los que estaban contentos y tenían una actitud positiva hacia la vida, y los que se veían tristes y se quejaban todo el tiempo y creían que el personal del hogar no sabía hacer nada bien. Una señora de edad avanzada en particular le causó una vívida impresión a Daniel. Un día le dijo: "Danny, la vida es como remar un bote. Debemos usar el brazo derecho para alabar a Dios y el brazo izquierdo para darle gracias. ¡Cuando hacemos ambas cosas nuestro bote puede avanzar!"

¡Qué buena imagen! Y qué profunda verdad espiritual para aplicar al matrimonio también. Cuando alabamos y agradecemos a Dios por todo –en lugar de quejarnos y murmurar– Él puede trabajar en nuestro matrimonio y ayudarnos a avanzar juntos.

Pausa para pensar

Reflexiona sobre tu comunicación como pareja:

- ¿Qué clase de palabras usan cuando hablan?
- ¿Levantan seguido el volumen de voz?
- ¿Qué piensas que le comunica tu rostro a tu pareja?
- ¿Eres muy regañón o quejoso cuando estás en casa?

Capítulo 11

DE LA BATALLA CAMPAL AL SILENCIO DE RADIO

Cómo exponer el abuso en la comunicación

¿Te imaginas vivir con alguien bajo el mismo techo y sin cruzar palabra alguna? Hace años, mientras visitábamos una de las iglesias en Inglaterra que nos daba apoyo, oímos de un matrimonio de la parroquia que desde hacía dieciocho años estaba en una guerra de silencio que parecía no tener fin. Se habían peleado y simplemente interrumpieron toda comunicación.

El castigo del silencio

Algunos ignoran a su pareja y se niegan a hablarles en ciertas situaciones, ¡aun si no lo sostienen por dieciocho años! Pero excluir a la pareja o evadirla deliberadamente es hiriente y puede tener un impacto negativo en cualquier matrimonio. Puede haber más de una explicación para esta guerra de silencio. Podría ser por una herida, un intento de castigar o manipular a su cónyuge para salirse con la suya, o la falta de esperanza de que hablar cambie algo. A veces permanecer en silencio puede ayudar evitar que se intensifique el conflicto o que haya una nueva escalada de violencia. Pero estamos hablando de simplemente negarse a comunicarte con tu pareja e ignorarla. Raramente esto resuelve los problemas más profundos que puede haber en un matrimonio. La tensión y el conflicto pueden disminuir por un tiempo para luego reanudar la conversación "normal", pero a menos que se traten a fondo los temas y se aprenda a resolver las diferencias, estaremos en realidad acumulando más problemas.

En vez de resolver el conflicto, el tratamiento del silencio hiere al otro y en forma silenciosa va echando más leña al fuego. Lo que estamos diciendo en realidad es: *"No quiero hablarte y no estoy interesado en resolver nuestras diferencias. Igualmente, no es mi culpa, es la tuya. Así que hasta que no admitas tu error y pidas disculpas, no tenemos nada que decirnos".*

Intimidación

Recuerda que comunicar es más que hablar. Puede incluir miradas, contacto, sexo y mucho más. Así que negarle a tu pareja cualquiera de estas cosas para castigarla, por ejemplo, es también una forma de negarse a la comunicación y esa conducta debería evitarse.

La comunicación puede también ser usada como un arma de intimidación si no somos cuidadosos. Las expresiones en el rostro, las palabras que usamos, el tono y el volumen de la voz pueden en forma consciente e inconsciente presionar al otro para hacer lo que nosotros queremos o para sentirnos mejor a sus propias expensas.

Como observamos en el capítulo anterior, nuestra lengua tiene el poder de traer vida o muerte, para componer o para destruir nuestro matrimonio. Así que lo que decimos y cómo lo decimos es importante si vamos a tener un matrimonio que sea un ámbito de sanidad y satisfacción, donde ambos nos sintamos seguros para intercambiar información, expresar sentimientos u opiniones y compartir pensamientos y sueños.

***

En los capítulos anteriores, hemos visto algunas de las barreras más comunes que impiden la buena comunicación en el matrimonio. Quizás hayas identificado áreas en las que necesitas trabajar para mejorar la comunicación en tu relación.

Con la ayuda de Dios podrás aprender a comunicarte mejor. Pero ten en cuenta que en este proceso también puedes necesitar sanidad y liberación para tratar las heridas del pasado que están afectando la forma en que te comunicas con tu pareja o con otras personas.

Estamos seguros que Dios desea que seamos realmente felices en nuestro matrimonio, pero es importante que revisemos nuestra vida con una mirada honesta y demos los pasos necesarios para tratar las experiencias negativas o bagajes del pasado. Esto nos dará la oportunidad de construir un matrimonio saludable y mantenerlo en el tiempo. Si tenemos salud emocional, eso arrojará un efecto positivo en nuestra pareja. Pero si tenemos heridas emocionales y ataduras espirituales, es probable que le causemos heridas a nuestro compañero/a y a aquellos que nos rodean también.

Recordemos la advertencia, y la increíble promesa contenida en el versículo que leímos anteriormente:

"Hay quienes hieren con sus palabras, pero hablan los sabios y dan alivio" (Proverbios 12:18).

Aplicado al matrimonio podríamos decir: si estamos sanos por dentro y nos cuidamos con las palabras y expresiones, entonces nuestro matrimonio puede ser un maravilloso espacio de sanidad, ¡un oasis donde la forma de comunicarnos nos pueda traer sanidad a ambos!

Pausa para pensar

- ¿Alguna vez le has aplicado a tu pareja el tratamiento de silencio?
- ¿Eres culpable de tratar de castigar, controlar o manipular a tu cónyuge a través de lo hayas dicho o cómo lo hayas dicho?
- ¿Necesitas sanidad o liberación de experiencias del pasado que han afectado negativamente tu comunicación en el matrimonio?

Capítulo 12

LA COMUNICACIÓN Y LA RESOLUCIÓN DE CONFLICTOS

Inspiración para avanzar

Mejorar tus habilidades de comunicación y resolución de conflictos en el matrimonio puede ser un desafío, pero a veces unos simples pasos en la dirección correcta pueden hacer una gran diferencia. Completamos esta sección con seis pasos que te ayudarán a encontrar el foco correcto para poder seguir avanzando. No podrás resolver todo de una sola vez, así que deberás separar cada tema y establecer objetivos realizables. Lo importante es comenzar por algún lado y seguir trabajando para mejorar juntos.

1. ¡No se rindan!

Hay una serie de factores que contribuyen a la mejora de la comunicación efectiva. Pero, antes que nada –y probablemente lo más importante–, es tu voluntad. ¡Hoy mismo toma la decisión firme de que *deseas* aprender a comunicarte mejor con tu pareja! Por ejemplo, podrías decidirte a:

- Buscar entender las diferencias lingüísticas y culturales en la pareja (no siempre es fácil y probablemente requerirá mucha paciencia).

- Mantener la voz en volumen bajo y evita gritar.

- Evitar mirar mal a tu pareja, con desprecio o tratando de que él o ella haga lo que tú deseas.

- Evitar usar un lenguaje vulgar o insultos, aun si estás molesto. Tu cónyuge no es tu saco de boxeo.

- Mantener abiertas las líneas de comunicación. Evita excluirlo/la o negarle la intimidad sexual como forma de castigo.

- Dejar de quejarte, de regañar o de criticarte a ti mismo o a tu pareja. Céntrate mejor en ser agradecido en toda circunstancia, como enseña 1 Tesalonicenses 5:18.

- Con una o dos oraciones más, asegúrate de que tu esposo o esposa tenga claro cuáles son los puntos principales y que entienda lo que estás diciendo.

2. Separen tiempo

Para muchos matrimonios es práctico planificar una "salida de novios" para generar espacio para la comunicación. Mientras hablan y se escuchan mutuamente, traten de relajarse y de mirarse a los ojos. Compartan pensamientos, sentimientos y los desafíos actuales. ¿Qué cosas les gusta hacer a ambos? ¿Qué les cuesta? ¿Cuáles son sus miedos, esperanzas y sueños para el futuro? La idea es ir más allá de las listas de pendientes, el clima, o incluso la política, los negocios, la profesión o temas religiosos. Temas como estos pueden generar una conversación interesante. Pero cuando hablamos de cómo nos sentimos, de nuestros sueños y temores, allí es donde llegamos a conocernos a un nivel aún más profundo. Es un tipo de comunicación que nos permite entendernos mejor como personas y finalmente nos sentirnos más cerca el uno del otro también.

Presta atención a cómo reaccionas a la información que comparte tu cónyuge contigo. Comentarios como: "¿Cómo puedes ser tan estúpido o estúpida?" o "¡No me sorprende que te hayas metido en este lío!" no van a animarlo/la a mostrar su debilidad delante de ti otra vez. Es difícil abrirse cuando temes ser rechazado o ridiculizado. Puedes mostrar empatía, aun cuando no entiendas sus sentimientos o la situación que está atravesando. Esta actitud ayudará a crear una atmósfera de confianza y aceptación en la comunicación.

Si traemos a nuestro matrimonio la mentalidad de empresa orientada a los resultados, es probable que nos terminemos destruyendo, no importa cuánto tiempo lo pasemos hablando. El matrimonio debería ser un oasis donde nos podemos relajar, fuera de la presión de ser perfectos y del estrés de la vida cotidiana. Debería ser un refugio donde nos aceptamos y nos amamos mutuamente en forma incondicional y nos animamos uno al otro a ser lo mejor que podemos. Cuando esto sucede, los tiempos de comunicación dentro del matrimonio se convierten en momentos de sanidad y no de estrés.

3. Identifiquen las raíces de amargura

Hemos señalado anteriormente que la voluntad de comunicar mejor es el primer paso esencial para mejorar la comunicación. El próximo paso es estar dispuesto a identificar las raíces de amargura que puedan estar obstaculizando nuestra comunicación. ¿Hay algún tema en particular que ya no deseas hablar con tu pareja, o que hace saltar la alarma en tu mente cada vez que surge? ¿Podría ser que aún tienes heridas y no has perdonado a tu esposo/a por algo que te haya hecho o te haya dicho? ¿O quizás sientes frustración porque el hablar no ha hecho mucha diferencia en el pasado y simplemente ya no quieres intentarlo más?

El Espíritu Santo puede mostrarte cualquier raíz de amargura que esté obstaculizando la comunicación. Puede guiar tu conversación y ayudarte a reconciliar esas áreas.

4. Perdónense

Una vez que hayas identificado las raíces de amargura, decide, con la ayuda de Dios, perdonar a tu pareja y dejar ir el resentimiento.

Por un momento, haz una pausa para ver cómo reaccionas a esta decisión. ¿Puedes perdonar o resistes la idea? A veces no es posible perdonar de inmediato. Puede que necesites sanidad y liberación antes de extender el perdón plenamente.

5. Programen "reuniones de negocios" matrimoniales

La buena planificación y coordinación de tareas puede reducir en gran manera la tensión y cualquier posible conflicto. Programen "reuniones de negocios matrimoniales" para tratar los detalles prácticos de la casa y la familia. Decidan lo que hay que hacer, quién lo hará y cuándo. Aquí hay algunos ejemplos de temas que podrían tratar en estas reuniones:

- Planificación de salidas de novios o citas románticas
- Planificación de actividades de ocio, salidas y vacaciones
- Progreso de hijos y nietos, necesidades y pedidos

- Necesidades de padres en edad avanzada u otros parientes
- Compras
- Limpieza y lavado de ropa
- Renovación y arreglos del hogar
- Jardinería y otros trabajos necesarios en la casa
- Reparación de vehículo o bicicleta
- Pedidos de otras personas para hacer cosas
- Reuniones con amigos
- Participación en el ministerio o actividades de iglesia
- Actividad relacionada con caridad o clubes
- Otros…

Antes de cada reunión, hagan una lista de puntos que ambos querrían tratar. Coordinen una fecha y hora que sea conveniente para los dos. Pónganse de acuerdo respecto de la duración de la reunión, es decir, 30 minutos o 1 hora. Respeten los temas, fechas y horarios acordados. Traten de llegar a conclusiones y de tomar decisiones prácticas. Si no pueden arribar a una decisión, arreglen volver a tratar el tema en una nueva reunión.

6. Sean amables y pacientes

Cuando empezamos a envejecer, muchos nos podemos olvidar de vez en cuando de algunas cosas. Nosotros no estamos tan viejos, pero hemos notado que en ocasiones nos está sucediendo a nosotros y a nuestros amigos también. Cualquiera sea la razón, los olvidos pueden traer frustración y tensión en el matrimonio.

Podemos asumir que lo que está claro para nosotros está claro también para el otro. Luego nos percatamos que no había quedado claro para él o ella en absoluto, o que simplemente se han olvidado de alguna información importante que por lo general hubieran recordado. En situaciones como esta, ¡es muy importante ser pacientes y amables con el otro! Revisar rápidamente lo que hemos acordado antes de un evento o volver a verificar que ambos han entendido un tema en particular puede ayudar a comprobar si ambos están en la misma sintonía dentro de lo posible. Si es que el ser olvidadizos es un problema, será muy práctico también tomar nota de las fechas, reuniones o eventos importantes o tener una lista de pendientes a mano.

Pausa para pensar

- ¿Cuál puede ser tu rol a la hora de construir una cultura de confianza en tu matrimonio?
- ¿Hay alguna raíz de amargura que esté afectando la comunicación?
- ¿Qué beneficios podría traer una reunión formal de negocios a tu relación con tu pareja?
- ¿La mala memoria es un problema en tu matrimonio? Si este es el caso, ¿cómo pueden ayudarse uno al otro para recordar mejor las cosas?

RESTAURACIÓN

Aprender a vencer el pecado

Capítulo 13

SIN ESCONDITES

Enfrentar lo que hay dentro

Sófocles, el antiguo poeta griego, relata la trágica historia del rey Edipo. Por orgullo o por error, ¡Edipo termina matando a su padre y casándose con su madre! En la literatura griega antigua, este tipo de conducta no deseable es por lo general descripta en términos de *hamartia*, que esencialmente significa "errar el blanco". El mundo antiguo habría estado familiarizado con este término y su significado. Así que no sorprende que los escritores del Nuevo Testamento eligieron esta palabra para describir lo que es el "pecado".

Debemos ser sinceros y reconocer que todos cometemos errores. Todos erramos al blanco respecto de lo que Dios tiene para nosotros y hay áreas en nuestra vida y en nuestro matrimonio que necesitan ser redimidas. En otras palabras, somos culpables del pecado. Y porque esto es así, todos necesitamos ser perdonados y ser lavados de nuestro pecado una y otra vez.

Tratar con el pecado es la primera de las tres áreas claves que contribuyen a una continua restauración de nuestro ser interior. Cuanto más restaurado esté nuestro ser interior, más fuerte y maravilloso será nuestro matrimonio. Estudiaremos las otras dos áreas —sanidad de las heridas emocionales y liberación de la opresión demoníaca— en las últimas dos secciones.

Áreas que necesitan ser redimidas

El matrimonio es probablemente el lugar donde se hacen más evidentes las áreas no redimidas o la presencia del pecado. Muchos pueden guardar las apariencias fuera de la casa, al menos por un tiempo, pero dentro del matrimonio no es tan fácil ocultarle cosas al otro. Tarde o temprano quedarán expuestos los fracasos y debilidades (al menos ante nuestra pareja). En el matrimonio somos confrontados a ver lo que hay en lo profundo de nuestro propio corazón. Pero también nos pone en primera fila para observar lo que está sucediendo por debajo de la superficie en la vida de nuestra pareja.

Algo de lo que veamos puede ser bueno e inspirar un mayor amor y admiración mutuos, pero otras cosas pueden parecer desagradables y más difíciles de tratar. ¿Podría ser que el temor de tener más intimidad con la otra persona o el descubrir cosas que preferiríamos mantener ocultas es lo que impide que muchos se casen, en primer lugar, y que otros no puedan trabajar algunas cuestiones en su pareja en un nivel más profundo? No obstante, si es que deseamos tener un matrimonio pleno, debemos estar dispuestos a enfrentar nuestras propias verdades.

Hemos hablado del pecado en términos de errar el blanco. ¿Pero de qué blanco estamos hablando? El apóstol Pablo nos da la respuesta:

"Todos han pecado y están lejos de la presencia gloriosa de Dios" (Romanos 3:23).

El blanco u objetivo es la santidad, que refleja la gloria de Dios en todo lo que pensamos, decimos, hacemos y sentimos. Nadie, excepto Cristo, ha dado en este blanco u objetivo en forma repetida y ha podido afirmar, por lo tanto, ser perfecto. El resto tristemente fallamos. Una persona perfecta podría ser la pareja de tus sueños, ¡pero desafortunadamente no existe!

Cuanto antes podamos aceptar el verdadero estado de las cosas, más rápido podremos tratar con todo lo que está mal en nuestro interior. Si no hemos tratado con nuestros pensamientos, palabras y acciones pecaminosas antes de casarnos, es probable que los traigamos al matrimonio. Cuando nos casamos, no es que los pecados aparecen de la nada. Más bien, lo que ya está en lo profundo de nuestro ser va a salir a la superficie por la misma cercanía e intimidad que se crea al estar en pareja. ¡Esto es muy bueno en realidad! Creemos que el plan de Dios para nosotros como matrimonio es ayudarnos a vencer el pecado de modo que la santidad y la gloria de Dios pueden ser restauradas a nuestras vidas y manifestadas en cada área de nuestro ser.

El desafío de estar muy cerca

Desde la perspectiva del reino espiritual, un marido y una esposa se unen el uno con el otro para dar lugar a una nueva unidad. El apóstol Pablo describe este proceso en Efesios 5 versículo 31:

"Por eso, el hombre dejará a su padre y a su madre para unirse a su esposa, y los dos serán como una sola persona".

La palabra griega que usa Pablo aquí para describir esto de ser una sola carne, una sola persona es *proskollaomai*. Este término significa esencialmente que como matrimonio hemos sido fusionados por Dios. Como señalamos antes, esta cercanía o unidad en la pareja hace difícil que podamos ocultarle algo al otro. En algún punto, nuestras cualidades negativas y debilidades saldrán a la superficie y estarán a la vista. No todos reaccionan de igual modo cuando esto sucede. Algunos simplemente aceptan que el tiempo de luna de miel se termina y que vendrán tensiones y terminarán hiriéndose el uno al otro como una nueva realidad, y se resignan al hecho de que la relación pueda llegar enfriarse. Otros se separan y se juntan con una nueva pareja. Habrá quienes hasta renuncien a la idea del matrimonio y decidan que es mejor quedarse solos.

Lo mejor es permitir que lo que no es tan positivo en nosotros salga a la superficie bajo la guía y control del Espíritu Santo, y luego orar el uno por el otro. Los pasos para la oración que compartiremos más adelante en este libro nos ayudarán en este proceso. Dios desea que el matrimonio sea un espacio de restauración y sanidad. Para ello, debemos estar dispuestos a abrir nuestras vidas a Su Espíritu Santo. Permítanle que Él les señale lo que está errado en ustedes y que tiene que ser cambiado.

La restauración es posible

Hemos visto que con determinación y con la ayuda de Dios, cualquiera puede volverse del pecado y ser restaurado. ¿Pero han notado que el mundo a veces tiene poco tiempo o poca paciencia para las personas que lo echan todo a perder? Rápidamente se los juzga, se los califica de insuficientes y se los descarta. Quizás es porque muchos no creen realmente en que se puede cambiar. Ten cuidado con este tipo de pensamiento en tu matrimonio; inevitablemente te llevará al conflicto y, finalmente, a la división.

Conocimos a alguien que estaba felizmente casado (o así lo creía). Un día su esposa llegó a la casa y de la nada le anunció que estaba cansada de él y que quería el divorcio… Este ejemplo puede sonarles extraño, pero algunos mantienen en secreto una especie de registro de las malas acciones de sus parejas y guardan rencor. En última instancia, deciden que ya han tenido suficiente y se van, a veces sin conflicto aparente previo. Se hartan y se van, así de simple.

Aprender a comunicarse mejor y a expresar el dolor por las heridas, la frustración o desilusión puede ciertamente ayudar a evitar resultados trágicos como el que acabamos de describir. Pero también necesitamos ir un paso más allá y tratar las actitudes pecaminosas en nuestro matrimonio. Si de alguna manera cometemos un error o hemos herido a nuestra pareja, deberíamos ser rápidos para admitir el error y pedir perdón. Es extremadamente importante perdonar y reconciliarse rápido. Si nos mantenemos sin reconciliarnos por un tiempo largo, correremos el riesgo de que la amargura eche raíz y arruine nuestro matrimonio.

La Biblia nos advierte:

"Procuren que a nadie le falte la gracia de Dios, a fin de que ninguno sea como una planta de raíz amarga que hace daño y envenena a la gente" (Hebreos 12:15).

Pausa para pensar

- ¿Crees que una persona puede cambiar?
- ¿Estás dispuesto a enfrentar lo que hay en tu interior?
- ¿Llevas una lista —en tu cabeza o en tu corazón— de los errores de tu pareja?

Capítulo 14

CÓMO RECONOCER EL PECADO EN EL MATRIMONIO

Patrones de conducta destructivos

Los cambios más significativos en nuestro matrimonio vinieron cuando empezamos a mirar más de cerca los pecados en nuestras vidas. Nos dimos cuenta de que lo que habíamos pensado como rasgos negativos del carácter, tales como enojo, impaciencia, egocentrismo o resentimiento eran en realidad, pecados que envenenaban las relaciones. La Biblia llama esas actitudes y conductas como "obras o actos de la carne":

"Es fácil ver lo que hacen quienes siguen los malos deseos: cometen inmoralidades sexuales, hacen cosas impuras y viciosas, adoran ídolos y practican la brujería. Mantienen odios, discordias y celos. Se enojan fácilmente, causan rivalidades, divisiones y partidismos. Son envidiosos, borrachos, glotones y otras cosas parecidas. Les advierto a ustedes, como

ya antes lo he hecho, que los que así se portan no tendrán parte en el reino de Dios" (Gálatas 5:19-21a).

¡Una y otra vez, tuvimos que tomar la decisión de no tolerar estas conductas en nuestras vidas! Cuando el Señor nos mostró un pecado en particular, nos fue útil estudiar primero lo que la Biblia tenía para decir al respecto. Utilizamos una concordancia para buscar los versículos que mencionaban ese pecado para ver lo que Dios pensaba al respecto y cómo este afectaba nuestro comportamiento. Meditar en estos versículos nos preparó para llegar al punto en que lamentábamos albergar ese pecado en nuestro interior y ¡no queríamos tener más nada que ver con él! En verdad, nos ayudó a volvernos del pecado y pedirle perdón a Dios. Pensar en las consecuencias de un determinado pecado nos fortaleció para resistir la tentación de volver a cometerlo.

La Biblia llama a este proceso "arrepentimiento". La palabra griega es *metanoia*, que literalmente significa cambio de mentalidad. En otras palabras, un cambio de nuestra perspectiva del pecado y nuestro presunto derecho a continuar en él. Por ejemplo, si estás acostumbrado a insultar o agredir verbalmente a tu cónyuge cuando discuten, un buen ejemplo de lo que es el arrepentimiento –cambio de mentalidad o actitud– sería no usar más esas palabras hirientes. Este es el primer paso hacia un matrimonio marcado por el amor y una auténtica espiritualidad.

Principales características del pecado

¿Cómo puedo reconocer la obra del pecado en mi vida o matrimonio? El pecado tiene efectos devastadores. Nos roba la paz y destruye las relaciones. Nos empuja en la dirección incorrecta y nos pone en un camino de desasosiego, que en última instancia nos lleva a la destrucción y a la muerte espiritual. Pero Dios quiere darnos gracia y vida:

"El pago que da el pecado es la muerte, pero el don de Dios es vida eterna en unión con Cristo Jesús, nuestro Señor" (Romanos 6:23).

Por lo tanto, es importante estar atentos y vigilantes con el fin de reconocer el pecado en nuestras vidas y en nuestro matrimonio y tratar con él antes de que nos cause demasiado daño. Dios, en su gran amor por nosotros, nos hace tomar conciencia de nuestro pecado a través de Su Espíritu Santo. Él lo hace no para arruinarnos la diversión o hacernos sentir infelices o juzgados, sino para darnos la oportunidad de arrepentirnos, de modo que su vida pueda fluir aún más a través de nosotros y de nuestro matrimonio:

"Por eso, nosotros, teniendo a nuestro alrededor tantas personas que han demostrado su fe, dejemos a un lado todo lo que nos estorba y el pecado que nos enreda, y corramos con fortaleza la carrera que tenemos por delante. Fijemos nuestra mirada en Jesús, pues de él procede nuestra fe y él es quien la perfecciona" (Hebreos 12:1-2).

Empieza por ti mismo

Algunos tienen una opinión demasiado elevada de sí mismos. Se consideran por encima de cualquier reproche y les resulta difícil admitir los errores y el pecado. Alguien con esta mentalidad siempre culpará a otros y rara vez buscará una falla en su propia persona. Esta actitud es una de las principales razones por las que surgen problemas en todo tipo de relaciones y que incluso lleva a los cristianos a terminar en una separación o en un divorcio. Durante estos años hemos conocido en nuestro ministerio mucha gente cuyas relaciones y matrimonios se han ido envenenando lentamente por esta actitud destructiva.

En el Sermón del Monte, Jesús dice:

"No juzguen a otros, para que Dios no los juzgue a ustedes. Pues Dios los juzgará a ustedes de la misma manera que ustedes juzguen a otros; y con la misma medida con que ustedes den a otros, Dios les dará a ustedes. ¿Por qué te pones a mirar la astilla que tiene tu hermano en el ojo, y no te fijas en el tronco que tú tienes en el tuyo? Y si tú tienes un tronco en tu propio ojo, ¿cómo puedes decirle a tu hermano: "Déjame sacarte la astilla que tienes en el ojo"? ¡Hipócrita!, saca primero el tronco de tu propio ojo, y así podrás ver bien para sacar la astilla que tiene tu hermano en el suyo" (Mateo 7:1-5).

Cuando se trata de resolver el tema del pecado en el matrimonio, Jesús nos desafía a comenzar por *nosotros mismos*. En lugar de centrarnos en la culpa de nuestro cónyuge, deberíamos primero mirarnos a nosotros mismos y revisar las cosas que no están bien. Te sugerimos hacer del siguiente versículo tu oración diaria:

"Oh Dios, examíname, reconoce mi corazón; ponme a prueba, reconoce mis pensamientos; mira si voy por el camino del mal, y guíame por el camino eterno" (Salmos 139:23-24).

Cuando empecemos a cambiar, ese cambio afectará positivamente nuestro matrimonio. Por ejemplo, podemos estar menos irritables o más pacientes. Un cambio de este tipo le envía señales positivas a nuestra pareja. Además, cuando vemos que el otro comienza a hacer aunque sea mínimos cambios, hace muy bien reconocerlos verbalmente. Puedes decir por ejemplo: "Me di cuenta que en esta situación no reaccionaste como solías hacerlo antes. Sé que te lleva un esfuerzo, pero agradezco que lo estés intentando".

Cuando el pecado se vuelve un hábito

El pecado en el matrimonio por lo general involucra a ambos —esposo y esposa— porque estamos tratando con patrones de conducta pecaminosos. A veces, estos patrones de conducta han echado raíz por muchos años y se han convertido en una fortaleza. Esto fue lo que nos sucedió a nosotros.

Ya hemos mencionado sobre un tiempo en que estábamos bajo una gran presión antes de mudarnos de Argentina a Suiza. En lugar de comunicarnos con fluidez, terminamos hiriéndonos con nuestras palabras y acciones. Años más tarde, notamos que por lo general nos comportábamos del mismo modo en otras situaciones que nos traían estrés. Se había vuelto un patrón pecaminoso en nuestro matrimonio que debíamos tratar. Hoy hemos aprendido a conversar sobre los detalles de las tareas y a confiar el uno en el otro para hacer la parte que nos toca. Somos cuidadosos con las palabras y tratamos de mantener la calma en situaciones de estrés.

Los patrones de conducta pecaminosos pueden tomar muchas formas en un matrimonio. Por ejemplo, uno de los miembros de la pareja puede no confiar en el otro en un área en particular. Así, consciente o inconscientemente, comunican su falta de confianza a través de las palabras, las acciones o miradas. La pareja percibe esta falta de confianza, sospecha y por lo general reacciona en forma negativa. La misma situación disparará la misma reacción una y otra vez, a veces por años. En estas situaciones puede ser muy útil pedirle al Espíritu Santo que nos muestre los patrones pecaminosos que están activos en nuestra relación y nos ayude a superarlos.

A continuación, incluimos algunos ejemplos de patrones de conducta pecaminosos en el matrimonio que hemos observado.

Comunicación deficiente o nula

Mencionamos antes que una pareja había vivido bajo un mismo techo, pero sin hablarse durante dieciocho años. Quedaron atrapados en un patrón pecaminoso de ignorarse y faltarse el respeto mutuamente al negarse la comunicación. También mencionamos que algunas relaciones terminan abruptamente, sin aviso ni conflicto previo.

Para evitar estos trágicos finales, es importante que rápidamente identifiquemos y rompamos cualquier patrón de comunicación pecaminoso en nuestro matrimonio. También debemos aprender a comunicarnos bien y a hacer las cosas de modo correcto cuando van mal, de modo que no tengamos amargura el uno por el otro. Otros patrones de comunicación pecaminosos incluyen insultos, palabrotas, gritos, amenazas, miradas malignas, el uso del sexo como arma, entre otros.

Acusaciones falsas

Los matrimonios pueden echarse culpas mutuamente. En otras palabras, acusan a la otra persona por cosas de las que no son culpables. Por ejemplo, estuvimos trabajando con un matrimonio en el que el marido acusaba continuamente a su esposa de no querer tener sexo. Cuando conversamos con ambos sobre el tema, quedó claro que él era el principal problema: él la forzaba a trabajar largas horas y rara vez se tomaba tiempo para hacer algo agradable o romántico para ella. La mujer se sintió usada y no se podía abrir sexualmente a él.

No reconocer la culpa

Algunas personas hacen todo lo posible para ocultar la culpa y continuar pecando. Por ejemplo, un matrimonio vino a nosotros buscando consejería hace unos años atrás. La esposa creía que su esposo estaba teniendo un amorío con otra mujer y tenía algunas pruebas bastantes convincentes para respaldar sus sospechas. En lugar de admitir el engaño, el marido negó el *affaire*. Unos días después, creó chats y publicaciones en las redes sociales para tratar de probar su inocencia, pero luego tuvo que admitir que era todo falso.

Ser dogmático y obstinado

Hemos conocido matrimonios donde uno de los esposos tiende a creer que siempre tiene razón. Esta actitud dogmática es muy dañina y perjudicial para un matrimonio. Cuando se rompe un patrón de este tipo y se reemplaza con una actitud de humildad y una disposición a conversar y a llegar a un acuerdo, ambos en el matrimonio pueden empezar a gozar de plenitud en sus diferentes dones y personalidades.

La crítica y la manía de encontrar defectos

Durante las primeras salidas, la mayoría de las parejas son rápidas para hacer cumplidos y evitan encontrarle defectos al otro. Pero a medida que pasan los años, puede aparecer alguna actitud de crítica. Empiezan a juzgarse el uno al otro cada vez más y quizás hasta lo hacen en público. Terminan mirando a su pareja con actitud burlona o sarcástica o se dicen cosas que los hagan sentir tontos o avergonzados. Se ocupan –literalmente, como si fuera un trabajo– de quejarse, criticar y reprender a su pareja, a veces hasta el punto de ser controladores o hasta violentos. Esto crea inseguridad y tensión.

***

Hay muchos otros ejemplos de comportamiento pecaminoso en el matrimonio que podríamos mencionar, pero quizás ya has identificado conductas similares o diferentes en tu propio matrimonio. Si es así, puede que estés ante un patrón pecaminoso que los ha implicado a ambos, y por el cual ambos son responsables.

Reconocer patrones pecaminosos en una relación y estar dispuestos a hacerse responsables por perpetuarlos es un primer paso hacia el cambio y puede traer por sí mismo alivio y esperanza.

Pausa para pensar

- ¿Qué pecados estás tolerando en tu vida?
- ¿Puedes ver patrones de conducta pecaminosos en tu matrimonio?
- ¡Toma una decisión para que el pecado no siga arruinando tu vida y tu matrimonio!

Capítulo 15

CÓMO VENCER EL PECADO EN EL MATRIMONIO

Cinco pasos que traen vida

Hemos visto cómo los pecados de uno o de ambos en la pareja pueden llevar a una conducta pecaminosa en el matrimonio. En este capítulo vamos a ver cómo tratar con él y cómo vencer sus efectos una vez que lo hayamos identificado. Esto ayudará en gran manera a romper los patrones pecaminosos en la pareja y a preparar el camino para aprender una nueva forma de relacionarnos. Así como Dios perdona nuestros pecados y se lleva la culpa cada vez que se lo pedimos con un corazón sincero, así también podemos aprender a tratar con el pecado y a perdonarnos el uno al otro en el matrimonio, aun si no resulta siempre fácil. Los siguientes cinco pasos servirán como base para ayudarte en el proceso.

1. Reconoce tu pecado

El primer paso para tratar el pecado es reconocer que todos hemos pecado y que esto arruina nuestra relación. Si no estás convencido de que este paso rige para ti, ¡pregúntale a tu pareja lo que piensa! Por lo general son los demás los que ven nuestras faltas y pecados más que nosotros mismos, pero esa es solo una mirada humana. En última instancia, no obstante, es el Espíritu Santo el que nos convence de pecado y nos lleva a toda verdad acerca de nosotros (Juan 16:13). Esto es medicina para nuestras almas porque la verdad nos hace libres (Juan 8:32).

Ahora bien, ¿por qué nos cuesta tanto admitir nuestros pecados y errores? Puede haber muchas razones para esto. Algunos luchan con el orgullo y el temor a quedar mal. A otros nunca se les enseñó a hacerlo, como es el caso de la mujer de unos treinta años que vino a pedirnos ayuda para tratar con su pasado. Abandonada a su suerte, desde niña, luchó toda su vida para salir adelante lo mejor que pudo. Cuando se hizo cristiana, se dio cuenta de que tenía que ponerse a cuenta con algunas personas, pero como nunca había pedido disculpas a nadie en su vida, no tenía idea de cómo hacerlo.

Otra razón por la cual a algunos les cuesta admitir el pecado, es que han adoptado una mentalidad perfeccionista u orientada a los resultados. Muchas empresas y empleadores no tienen mucho tiempo para gente que comete errores. Desean tener unidades de producción perfectas (¡o que al menos lo parezcan!).

En nuestra sociedad hay mucha gente muy capacitada que no comete errores en el trabajo y ¡estamos todos agradecidos por ello! No obstante, esta mentalidad se convierte en un problema cuando uno de los esposos impone los mismos estándares del lugar de trabajo a su familia o a ellos mismos, creando una atmósfera de tensión. Nadie quiere rendir menos de lo esperado, cometer errores o cometer pecados, pero el hecho es que eso es justamente lo que todos hacemos. Cuanto antes reconozcamos en que área necesitamos ser redimidos, más rápido podremos tratar con el problema y avanzar.

2. Trae tu pecado a Dios

En 1 Juan 1:9 leemos esta verdad liberadora:

"…pero si confesamos nuestros pecados, podemos confiar en que Dios, que es justo, nos perdonará nuestros pecados y nos limpiará de toda maldad".

De igual modo, en la carta a los Hebreos, el Espíritu Santo dice:

"…y no me acordaré más de sus pecados y maldades"
(Hebreos 10:17).

Esta es una gran noticia para todos. ¡No tenemos que ser perfectos! Ya no tenemos por qué tratar de esconder o negar nuestro pecado. Podemos traer el pecado a la luz y venir con él a Dios. Esto es lo que significa la confesión. Cuando lo hacemos, Dios promete perdonarnos y quitarnos las manchas y el mal olor del pecado en nosotros. Ocultar cosas o tratar de convencernos a nosotros mismos y a otros de que somos inocentes cuando en realidad somos culpables es una pérdida de tiempo y energía para todos. ¡Cuánto mejor es cortar por lo sano y decir simplemente "Lo siento!"!

3. Pídanse perdón el uno al otro

Una vez que hemos confesado los pecados ante Dios y hemos recibido el perdón, estamos listos para ponernos a cuenta uno con el otro. Hemos experimentado muchas veces cuán liberador es este paso. Cuando nos ofendemos mutuamente o pecamos el uno contra el otro, nos tomamos el tiempo para aclarar la situación y extender el perdón toda vez que sea necesario. Esta simple estrategia nos permite mantener la paz y la unidad.

Muchos se sienten incómodos al hablar del pecado o de la culpa. De hecho, algunas parejas rara vez hablan de quién tiene la culpa sobre tal o cual cosa, y no sabrían por qué deberían pedir perdón. La relación puede parecer armoniosa, pero ambos saben que hay algo que no están bien entre ellos. Por la razón que fuere, eligen barrer las cosas debajo de la alfombra.

A otras parejas no les cuesta tanto hablar de lo que anduvo mal y de quién es la culpa. Pero nunca llegan al punto de pedirse perdón porque terminan discutiendo y dando vuelta en círculos. Nada productivo surge de estas discusiones porque no tienen las herramientas para tratar el problema del pecado en su matrimonio. Si este es el caso, encontrarán particularmente útiles las oraciones de perdón para matrimonios del próximo capítulo.

4. Estén dispuestos a cambiar

Requiere voluntad y determinación de ambos en el matrimonio el evitar volver a los mismos viejos pecados y a los patrones de conducta pecaminosos. Jesús dijo en Mateo 18:22 que debíamos perdonar una y otra vez, pero no quiso decir que podemos seguir pecando todo lo que queramos porque de cualquier modo nuestra pareja tiene la obligación de perdonarnos. Si no estamos dispuestos a cambiar, es probable que no nos hayamos arrepentido de corazón ni hayamos empezado a odiar nuestro pecado. Sin un real arrepentimiento, no puede haber un perdón genuino y tampoco un cambio verdadero.

Como parte de la familia de Dios, el esposo y la esposa también pueden ser considerados como hermano y hermana. 1 Juan 2:9-11 nos advierte por lo tanto que no nos quedemos en las tinieblas:

*"Si alguno dice que está en la luz, pero odia a su herma-
no, todavía está en la oscuridad. El que ama a su hermano vive en la luz, y no hay nada que lo haga caer. Pero el
que odia a su hermano vive y anda en la oscuridad, y no
sabe a dónde va, porque la oscuridad lo ha dejado ciego".*

5. Comprométanse con la verdad

Muchos matrimonios se arruinan porque se niegan a enfrentar la verdad acerca de quiénes son y qué es lo que han hecho o
dejado de hacer. Cuando son confrontados, se ponen a la defen-
siva o buscan devolverle la pelota –la culpa– a su pareja. Otros
no dicen nada y comienzan a distanciarse de su cónyuge a nivel
emocional. Si terminan separándose, la versión oficial es que
simplemente se han distanciado y nadie tiene la culpa.

Hoy en día no es popular, incluso en círculos cristianos, hablar del pecado o de la necesidad de establecer la culpa como
un requisito previo para el perdón. No queremos que la gente
se sienta incómoda; pero a veces es necesario sentirse incómodo
para poder arrepentirse. En particular, debemos sentir el peso de
nuestros propios pecados y de todo lo que hacemos, decimos,
pensamos o sentimos que hiere a Dios, a nuestra pareja y a nosotros mismos.

En este proceso de tratar con el pecado, debemos estar com-
prometidos a establecer la verdad entre nosotros. Debemos
aprender a ir al fondo de las cosas y descubrir qué es lo que realmente ha pasado. ¿De quién es la culpa y culpa de qué? ¿Cómo
le puedo pedir perdón a Dios, o cómo nos podemos perdonar
entre nosotros de un modo que tenga sentido? Una vez que
tenemos claridad, nos podemos perdonar, reconciliarnos y así
sucesivamente.

Pausa para pensar

- ¿Admites los pecados y los errores o tiendes a barrer todo bajo la alfombra?
- ¿Puedes manejar el conflicto o tratas de evitarlo?
- ¿El pecado y el perdón son temas que ustedes pueden hablar como pareja?

Capítulo 16

HERRAMIENTAS DE ORACIÓN PARA LA RESTAURACIÓN

Herramienta #1: Oraciones para recibir perdón

Llegamos ahora a la primera herramienta de oración de esta etapa, que consiste en tres pasos. Se puede usar para tratar cualquier pecado que haya entre tú y Dios, o entre tú y tu esposa. Los pasos son sencillos pero poderosos y te permitirán tratar por tu cuenta muchos de los problemas que hay en tu matrimonio. ¡Te animamos a usar esta herramienta una y otra vez!

ORACIONES PARA RECIBIR PERDÓN

Paso 1: Confesar tu pecado
Puedes decir:

> *"Amado Señor Jesús, siento haber __________ (sé específico acerca de lo que has hecho, dicho o sentido que haya sido un error). ¡Por favor, perdóname!"*

Cuando sea necesario, pídele a tu pareja que te perdone. Puedes decir:

> *"Siento haber sido injusto o haberte lastimado con mis pensamientos, palabras o acciones (sé específico). No deseo hacerlo más. ¡Por favor, perdóname!"*

La parte que ha sido agraviada puede responder:

> *"Yo te perdono por lo que me dijiste o por lo que me hiciste!"*

Paso 2: Aceptar el perdón

Recibir el perdón es algo así como aceptar un regalo: la otra persona se esfuerza en darnos un presente que espera que disfrutemos —tal vez algo que le costó dinero o tiempo conseguirlo–, pero nosotros decimos: *'Luce precioso, pero gracias, no soy digno de quitarle la cinta y desenvolverlo. Te lo devolveré"*. ¡Imagínate cómo se siente el dador del regalo!

Cuando recibes el perdón del Señor, puedes decir:

> *"Señor Jesús, acepto tu perdón. ¡Gracias por perdonarme!"*

Si sientes la necesidad de perdonarte a ti mismo, puedes decir:

> *"¡Me perdono a mí mismo!"*

Cuando Jesús perdona tus pecados es importante aceptar su perdón. De igual modo, cuando tu pareja te perdona, también debes aceptar su perdón. Este es el segundo paso por el cual aceptamos el perdón que hemos pedido. Muchos incluso se sienten culpables, aunque hayan confesado el pecado y hayan pedido perdón. Esto cambia cuando toman la decisión consciente de aceptar o de recibir el regalo maravilloso del perdón.

Algunos desean desesperadamente aceptar el perdón de Dios, pero simplemente no pueden. Quizás saben que son culpables de serios agravios. Se detestan y se odian a sí mismos por lo que han hecho. A veces se necesita una oración de liberación donde echamos fuera al espíritu de autocondenación. Una vez que el espíritu ha sido expulsado, es mucho más fácil aceptar el perdón de Dios y perdonarnos a nosotros mismos. Hemos incluido las oraciones de liberación en la última sección.

A Daniel le pidieron que ore por un médico en Argentina que estaba transitando la última etapa de su enfermedad. Había caído gravemente enfermo poco tiempo después de dejar a su esposa por otra mujer. Su amante no parecía estar interesada en estar con un hombre enfermo y entonces lo dejó. Para gran sorpresa del médico, su esposa volvió con él y lo cuidó. El perdón de su esposa y el amor sacrificial por él empeoró su vida… Lloró amargamente cuando le contó la historia a Daniel, porque no podía aceptar ni el perdón de Dios ni el de su esposa. El reconoció su pecado, pero no se podía perdonar por lo que le había hecho a ella. Se aferraba a la idea de que merecía sufrir y morir en medio de gran dolor.

La culpa tiene el potencial de atormentarnos y destruirnos. Por esta razón es importante tratar el tema, no solo a través de la confesión de nuestros pecados, sino también aceptando el perdón.

Nota: Si aún estás luchando con la aceptación del perdón, quizás necesites ser sanado de las heridas. En la siguiente sección veremos las oraciones para recibir sanidad.

Paso 3: Pon las cosas en orden
Puedes decir:

"Señor Jesús, muéstrame por favor lo que debo poder en orden".

Puedes pedirle a Jesús que te muestre qué debes ordenar para con los demás o en qué áreas debes corregir o reparar algún daño. Espera y oye lo que dice el Espíritu Santo. Quizás también desees discutir el tema con tu pareja. Podrás obtener algún buen consejo de tu pareja que te ayude a colocar las cosas en el carril correcto.

Deseamos animarte aquí a que te determines a tratar con el pecado en tu vida y en el matrimonio. Trae tu culpa ante Dios y pídele que te perdone y recibe su perdón. El Señor es misericordioso. ¡Él te perdonará y te ayudará a cambiar! Cuando el pecado y las transgresiones pierden el poder sobre tu vida, experimentarás la restauración en tu matrimonio. ¡Esto es hermoso y poderoso!

Nota: Quizás desees conversar ciertos temas o situaciones con un tercero. Puede que tengas un problema personal que esté afectando tu matrimonio y ambos se sienten abrumados tratando de resolverlo solos. Resultará muy útil recurrir a la confesión y/o consejería con un sacerdote, pastor o consejero de confianza, para dar lugar a la restauración y sanidad. Pero debemos estar dispuestos y determinados a cambiar. Este es el requerimiento más importante para que la confesión y consejería de su fruto.

"Por eso, confiésense unos a otros sus pecados, y oren unos por otros para ser sanados. La oración fervorosa del justo tiene mucho poder" (Santiago 5:16).

Pausa para pensar

- ¿Puedes aceptar el perdón o te cuesta hacerlo?
- ¿Puedes perdonar a tu pareja?
- ¿Hay algo que deban poner en orden entre ustedes? Pueden poner en práctica las oraciones de pedido de perdón para enmendar cualquier situación.

Capítulo 17

DAR EN EL BLANCO

Aprendiendo a resistir y a mantenerse conectados

Algunos se arrepienten y hacen acciones para restituir un daño o agravio, ¡pero pronto se encuentran volviendo a los mismos viejos pecados! Así que, ¿cómo podemos volver a resistir el pecado en forma efectiva y evitar caer en los viejos patrones?

Creemos que la clave para resistir el pecado que tan fácilmente acecha a nuestra puerta es cultivar el compañerismo cristiano como matrimonio. ¿Qué queremos decir con esto? Por una parte, tenemos comunión con Dios como individuos cuando nos acercamos a Él en nuestros tiempos personales de oración, en la lectura de la Biblia y en la adoración. Pero también debemos pasar tiempo con Dios como pareja. Habrán escuchado el viejo dicho popular: "un matrimonio que oran juntos se mantienen juntos". Por años hemos cultivado el hábito de pasar tiempo con Dios todos los días, en forma individual y juntos.

En Salmos 119:11 leemos:

"He guardado tus palabras en mi corazón para no pecar contra ti".

Leemos la Palabra de Dios a diario para que podamos guardarla en nuestro corazón y permitirle que nos transforme y nos proteja de la trampa del pecado. La Biblia contiene mucha sabiduría e instrucción práctica sobre cómo vivir como matrimonio y cómo relacionarnos con otros. Cuando leemos las Escrituras, también podemos pedirle al Espíritu Santo que nos corrija y nos muestre cualquier pecado oculto del cual no tengamos registro y nos ayude a superarlos.

No necesariamente debemos tratar con el pecado solos. La Biblia dice que el Espíritu Santo mora en nosotros. Él es el que nos fortalece y nos da la victoria sobre el pecado, incluso el pecado *dentro* del matrimonio. En Gálatas 5:16 leemos:

"Por lo tanto, digo: Vivan según el Espíritu, y no busquen satisfacer sus propios malos deseos".

En otras palabras, es nuestra comunión con el Espíritu Santo, combinado con el conocimiento y la aplicación de la Palabra de Dios, lo que nos permite resistir efectivamente en forma individual y como matrimonio. Alinearnos con el Evangelio de Jesucristo trae paz y tranquilidad a nuestra vida y a nuestro matrimonio:

"¡Dichosos aquellos a quienes Dios perdona sus maldades y pasa por alto sus pecados!" (Romanos 4:7).

Asimismo, caminar juntos con otros que están buscando a Dios en su matrimonio puede ser de gran ayuda. Estar en comunión con grupo de creyentes, o una iglesia local, puede ayudarlos a fortalecer su vida espiritual y combatir mejor contra el pecado.

El rey David en la Biblia fue alguien que tuvo un gran éxito en algunas áreas y fracasaba rotundamente en otras, pero cuando se volvió complaciente y descuidó su relación con Dios, terminó cayendo en adulterio con una mujer que era su vecina. Cuando Betsabé quedó embarazada, David intentó cubrir su culpa mandando a matar a su marido Urías (ver 2 Samuel 11). Cuando el rey fue confrontado con su pecado y las consecuencias de lo que había hecho, quedó completamente consternado. Luego recapacitó y finalmente clamó a Dios pidiendo su perdón. Podemos leer esta oración de arrepentimiento en Salmos 51.

Hemos hecho un hábito el orar en forma regular la oración de David, en forma personal y como matrimonio. Queremos darle a Dios la oportunidad de mostrarnos dónde debemos cambiar antes de echar a perder este proceso de sanidad.

Antes de seguir leyendo, te invitamos a hacer de los siguientes versículos tu oración personal también:

> *"Aleja de tu vista mis pecados y borra todas mis maldades. Oh Dios, ¡pon en mí un corazón limpio!, ¡dame un espíritu nuevo y fiel! No me apartes de tu presencia ni me quites tu santo espíritu. Hazme sentir de nuevo el gozo de tu salvación; sostenme con tu espíritu generoso"* (Salmos 51:9-12).

Pausa para pensar

- ¿Cómo cultivan la comunión con el Señor a nivel personal?
- ¿Cómo cultivan la comunión con el Señor como matrimonio?

SANIDAD

Aprender a sanar las heridas internas

Capítulo 18

EL PODER DE LA SANIDAD EN EL MATRIMONIO

Llamados a sanarnos el uno al otro

Con los años hemos llegado a la creciente convicción de que Dios desea habilitarnos como esposo y esposa para identificar y sanar las heridas internas que arruinan nuestro vínculo. En este proceso, ¡nuestro matrimonio es transformado en un maravilloso espacio de sanidad y amistad!

Cuando recién nos casamos, ambos teníamos experiencia en oración por sanidad, pero no teníamos idea de cuán importante podrían ser estas oraciones para el éxito y felicidad de nuestra propia relación y nuestro camino juntos. Saber cómo sanar en forma efectiva nuestras heridas ha sido uno de los factores más significativos para permitirnos crecer juntos en amor y unidad. Nos entusiasma compartir nuestro conocimiento y herramientas con ustedes en esta sección. Creemos que tu matrimonio será de igual modo renovado y fortalecido cuando empiecen a entender y den el paso para orar por sanidad el uno por el otro.

La provisión de Dios para la sanidad

Pueden tener heridas personales o heridas como matrimonio del pasado o del presente que afectan negativamente la relación de la pareja. Estas heridas pueden ser superficiales o estar muy arraigadas. Pueden tener múltiples heridas o tan solo algunas. Puedes conocer exactamente quién te hirió, cuándo y cómo, o quizás las cosas estén muy poco claras, pero sientes que no estás sano emocionalmente como te gustaría, y que aún hay algunos puntos sensibles y flancos débiles en tu interior.

Cualquiera sea la situación, Dios ve nuestro dolor y nuestra necesidad de sanidad. No hay herida interna que se mantenga oculta a su mirada, ni que tan desagradable que Él no pueda curar. En Salmos 103:2-3, leemos que es el Señor mismo quien sana todas nuestras enfermedades:

> *"Bendeciré al Señor con toda mi alma; no olvidaré ninguno de sus beneficios. Él es quien perdona todas mis maldades, quien sana todas mis enfermedades…"*

Dios ha provisto una forma de tratar con nuestros pecados y transgresiones, como hemos visto en la sección anterior, ¡pero también Él nos ha abierto el camino para alcanzar la total sanidad física y emocional también! Leemos en Isaías 53:4a y 5b que el Señor personalmente llevó nuestros sufrimientos en la cruz y por sus heridas somos sanados:

> *"Y sin embargo él estaba cargado con nuestros sufrimientos (…) y por sus heridas alcanzamos la salud".*

En esta sección descubriremos juntos cómo aplicar lo que Jesús hizo por nosotros. Aprenderemos a orar por nosotros y por nuestro cónyuge de manera que la sanidad por la cual Jesús murió en la cruz se haga realidad en nuestras vidas y en el matrimonio. Nos centraremos en tres oraciones de sanidad que son el corazón de nuestro abordaje. Podrás usarlas para sanar las heridas emocionales y los recuerdos dolorosos y para tratar con las reacciones negativas a esas heridas.

La sanidad es para todos

Muchos creen que la sanidad emocional es solo para aquellos que tienen heridas complejas o profundas. Entonces, si han tenido una vida feliz y nunca han experimentado ningún tipo de trauma o abuso, por ejemplo, tardan en creer que podrían necesitar sanidad emocional. De igual modo, otros pueden ser conscientes de que hay un dolor interno en su interior, pero tienden a aceptarlo o a minimizarlo. Después de todo, otros han sufrido más que ellos y no desean quejarse ni llamar la atención hacia sí mismos.

La verdad es que muchas situaciones pueden lastimarnos y dejarnos dolidos en varios niveles. Si no se tratan estas heridas, aunque cuando en apariencia sean superficiales, tienen el potencial de supurar y afectar negativamente nuestra vida y a aquellos que nos rodean. Por esta razón, es importante tomar todas las heridas en serio y aprender a tratar con ellas lo antes posible, como lo muestra el ejemplo genérico a continuación.

Imaginemos un niño que a menudo es objeto de burla en la escuela. Las palabras ofensivas y las burlas que le lanzan sus compañeros todos los días lo lastiman y le producen un daño profundo en su corazón. Si nadie nota su sufrimiento, ni le ofrece consuelo ni ayuda para frenar el *bullying*, se quedará con esta situación que deberá resolver solo. Lo más probable es que empezará a rechazarse a sí mismo. Puede comenzar a creer mentiras acerca de su valor como persona, tales como: *"Debe haber algo malo en mí como para que la gente me trate de esta manera". "Nadie me quiere como amigo, así que debo ser despreciable y aburrido". "Soy una vergüenza, entonces mejor no llamar la atención".*

Ahora imaginemos que este niño crece feliz de dejar el aula detrás. Crece, se enamora y se casa con la mujer de sus sueños (pero las heridas internas nunca han sido tratadas). Las mentiras que él creía sobre sí mismo en ese tiempo están firmemente incrustadas en algún lugar de su mente. Gradualmente, el veneno del pasado comienza a aflorar y a afectar su presente, especialmente su relación con su esposa. Por ejemplo, su profunda inseguridad se ve reflejada en la incapacidad para aceptar las sugerencias o críticas de ella sin que le cause enojo. O en una furiosa necesidad para tratar de complacer a todos, aun cuando no lo logre, y termina sintiendo resentimiento.

Esto es obviamente un ejemplo simplificado para mostrar cómo las heridas emocionales del pasado pueden afectar negativamente nuestro matrimonio en el presente y deben ser sanadas si deseamos crecer y avanzar. Francamente debemos reconocer que en algún punto de nuestra vida todos hemos sido lastimados por diferentes situaciones y personas, pero Dios desea sanarnos y hacer algo nuevo. A medida que avanzamos en la lectura, abrámonos al Espíritu Santo y permitámosle que nos muestre lo que debe ser sanado en nuestro interior.

Heridas emocionales

Las heridas internas pueden ser pequeñas y superficiales o complejas y profundas. Podemos sacudirnos algunas de ellas con cierta facilidad, aunque las más profundas pueden requerir sanidad emocional. Hay muchas situaciones en la vida que nos pueden lastimar y todos reaccionamos en diferentes maneras. Podemos tener heridas por situaciones y por personas en el presente, o en el pasado —reciente o lejano—, o remitirse hasta el tiempo de nuestra concepción.

Hemos orado con muchas personas que han experimentado rechazo a una edad temprana. Otros son rechazados por sus padres en el momento del nacimiento o incluso en el vientre materno, porque no era el niño o la niña que esperaban o porque llegaba a su vida en un momento no deseado. Ser rechazado por tener el género "incorrecto" es una de las heridas más dolorosas que hemos encontrado en nuestro ministerio. Pero también hemos orado con los sobrevivientes de abortos que nacieron con heridas por lo que han experimentado estando dentro del vientre (aunque ellos no lo recuerden).

Asimismo, es posible que haya muchas experiencias dolorosas en la infancia o en la adolescencia, tales como la pérdida de un padre por divorcio o muerte. Esto puede dejar un gran sentido de inseguridad. Nuevamente, muchos niños experimentan el rechazo dentro de la familia. Un padre o tutor les ha hecho sentir que son menos inteligentes, menos hermosos, menos atléticos, simplemente no tan buenos como sus otros hermanos.

Otros fueren descuidados, malcriados, maltratados, hostigados, abusados, ridiculizados o nunca tomados en serio como niños. Quizás algún padre sufrió de enfermedad mental o de una adicción. Así, los niños crecen con temor y vergüenza. Les resulta difícil creer que pueden hacer algo bien, y traen esta creencia interna al matrimonio. Finalmente, mucha gente carga el dolor de relaciones o matrimonios anteriores y temen que la relación actual no vaya a durar tampoco.

Por qué el tiempo no lo cura todo

Así como un corte o una herida en el cuerpo tiene que ser desinfectada y se deben hacer curaciones para evitar la infección bacteriana, del mismo modo las heridas emocionales deben ser limpiadas para evitar la "infección espiritual". Una infección espiritual aparece cuando las reacciones negativas a las heridas, tales como la falta de perdón, amargura u odio, se mezclan con el dolor emocional y entonces la lastimadura comienza a supurar.

Así como la infección en las heridas físicas no tratadas tiene el potencial de desparramarse por el cuerpo y causar gran daño o aun la muerte, así una infección espiritual tiene el potencial de arruinar o destruir un matrimonio.

Por esta razón es tan importante aprender a sanar heridas del presente y del pasado, y a tener listas nuestras herramientas de sanidad de modo que podamos rápidamente tratar con futuros casos.

Los que no han aprendido a tratar con las heridas tienden a suprimirlas o a racionalizarlas. Otros prefieren ignorarlas, esperando que el tiempo sane el dolor.

Desafortunadamente, ninguna de estas estrategias es ideal o efectiva en última instancia. En nuestra experiencia, las situaciones de presión tienden a traer a la superficie el dolor de una herida sin sanar, disparando otras reacciones negativas. Por ejemplo, el dolor sin sanar se manifiesta por lo general como enojo, odio o falta de perdón y puede envenenar cualquier relación. Las heridas no sanadas o infectadas espiritualmente pueden dar origen o incluso alimentar patrones de conducta negativos. Estudiaremos este tema en mayor detalle en el capítulo siguiente.

Pausa para pensar

- ¿Has traído algún dolor o herida del pasado a tu matrimonio?
- ¿Te sientes herido por alguna situación en tu matrimonio que podría requerir sanidad?
- ¿Qué haces usualmente cuando tu pareja o alguna otra persona te hiere?

Capítulo 19

CÓMO ROMPER LOS PATRONES NEGATIVOS DE LAS HERIDAS

El cambio es posible

Tan solo dos semanas antes de nuestra boda, nos inscribimos en un curso prematrimonial en Suiza. A la mayoría de las parejas que asistía al curso le faltaba seis meses o un año para la fecha del gran día de su boda, así que nosotros debemos haberles parecido un tanto improvisados. Pero la verdad es que estábamos viviendo en dos países diferentes hasta el momento de nuestra boda. No había cursos en línea o videoconferencias en esos tiempos, así que decidimos que hacer un curso a último momento era mejor que no tomar ninguno.

Nunca hemos lamentado la decisión de realizar ese curso porque en ese momento abrió nuestros ojos al peligro de los patrones negativos que se arraigan en un matrimonio y que causan un gran daño. Los líderes del entrenamiento nos animaron a tomar la decisión de que si alguna vez nos lastimábamos, debíamos siempre hablar rápidamente sobre el problema y orar juntos al respecto. Así lo hicimos, y vemos que hasta hoy ha sido la decisión correcta.

La verdad nos hace libres

Si no estamos atentos, como hemos visto que sucede con el pecado, la herida y nuestra reacción a ella pueden también conducir a patrones negativos en nuestro matrimonio. Simplemente dañan la relación. Pero Jesús dijo:

"Conocerán la verdad, y la verdad los hará libres"
(Juan 8:32).

Darse cuenta de la verdad acerca de nuestros sentimientos y conducta nos abre el camino a la libertad y a la sanidad. ¡Esto es una buena noticia!

Obviamente nuestra vida no comenzó cuando nos casamos. ¡Teníamos una vida antes de casarnos! En esa vida anterior podemos haber sido lastimados o quizás nosotros mismos hemos dañado a alguien. Podemos traer esas heridas a nuestro matrimonio, como ya vimos antes. Como resultado, algunas palabras o acciones que nuestra pareja dice o hace pueden disparar algo dentro de nosotros. De forma consciente o inconsciente, nos pueden hacer acordar de situaciones dolorosas del pasado. Ello puede impedir que tratemos racionalmente con la situación actual. Nos sentimos molestos o enojados, quizás hasta perdemos el control o atacamos a nuestra pareja, aun cuando él o ella no haya tenido malas intenciones hacia nosotros. Reacciones como esta pueden agregar leña al fuego, aumentar las tensiones e infligir nuevas heridas, de modo que entremos en un círculo vicioso. Si no los rechazamos, los patrones negativos de las heridas pueden arraigarse.

Hemos visto numerosos casos en parejas que hemos aconsejado durante los años de ministerio. Los siguientes ejemplos sirven para ayudar a entender mejor el impacto negativo que pueden tener los patrones de conducta de las heridas en nuestra relación matrimonial. Aunque los detalles biográficos difieren de una persona a otra, los patrones de conducta que se generan son por lo general similares.

Ejemplos comunes de los patrones de conducta negativa:

- Un hombre vive con una madre que lo malcría y lo domina. Cuando se casa, ya viene con una actitud pasiva y resulta fácil de intimidar. Debido a esta pasividad, su esposa debe hacerse cargo, un rol que ella detesta cada vez más. Esto genera frustración y causa heridas a ambas partes.

- Una mujer se cría con un padre alcohólico que engaña a su mujer. Las mentiras, la agresividad y la infidelidad que ella ve en su casa la dejan con una profunda sensación de desilusión e inseguridad. Por todo lo que ella experimenta con su padre, cuando se casa, viene con una idea negativa y sospechosa de los hombres. Inconscientemente, proyecta la conducta destructiva de su padre en su esposo. Ella espera cosas negativas de él, que generan frustración, heridas y recriminación en ambas partes.

Como podemos ver, cuando dos personas se casan, traen consigo una mochila llena de dolor, enojo, rechazo, autorrechazo, odio y muchas otras emociones negativas que están relacionadas a su vida y relaciones anteriores. De este modo, las experiencias del pasado afectan negativamente la relación matrimonial en el presente.

Rechazando los patrones negativos

Los patrones destructivos que resultan de las heridas y reacciones a ellas son una señal de que no estamos totalmente sanos en algún área de nuestro matrimonio. Cuanto antes lo reconozcamos, más rápido podremos rechazarlos y avanzar hacia el cambio. Podemos empezar a mirar nuestras propias reacciones. ¿Sugieren que nosotros o nuestra pareja podemos tener una herida interna en algún área? El objetivo es identificar todo patrón negativo que está afectando nuestro matrimonio y luego superarlo en oración:

> *"Por eso, confiésense unos a otros sus pecados, y oren unos por otros para ser sanados. La oración fervorosa del justo tiene mucho poder"* (Santiago 5:16).

Es fácil reaccionar mal a lo que nuestra pareja dice o hace, aun cuando sabemos que están operando desde un lugar de heridas. Desafortunadamente, esto tiende a generar un conflicto y terminamos lastimándonos aún más. ¡Cuando las cosas van en escalada, puede que no sepamos siquiera qué fue lo que generó el conflicto!

Estos patrones o reacciones en cadena son por desgracia muy comunes. Experimentarlos en forma reiterada puede traer desánimo, deseo de evitar o de renunciar al matrimonio. En vez de ser el espacio de sanidad que Dios deseaba que fuera, el matrimonio es visto como una prisión donde uno puede ser golpeado y arrinconado. Si no tienen herramientas para tratar con las heridas y el conflicto es difícil sostener una relación más profunda. Por lo general, lo mejor parece ser retirarse o escapar. Pero más tarde nos encontramos a nosotros mismos solos y aislados. No deseamos comprometernos con otra persona ni invertir en relaciones que de todos modos estarán destinadas a una corta vida.

¡Aquí es donde Dios desea encontrarnos y sanarnos hoy mismo! Él desea darnos la esperanza y la seguridad de que podemos hacer de nuestro matrimonio un éxito. Cuanto más sanos estemos, más podremos contribuir positivamente cada uno en la pareja a nuestra relación, y más tiempo será el que deseemos estar juntos.

Sentirse obligados a pasar tiempo juntos cuando preferirías no hacerlo, sabiendo que solo terminarás hiriendo o criticando a tu pareja, o inventando excusas para evitar estar juntos ¡se convertirán en una cosa del pasado!

Nunca es demasiado tarde: La historia de Julián y Lily

Esta es la historia de una pareja que ministramos hace un tiempo. Ellos nos permitieron compartir su experiencia como un ejemplo de cómo las heridas emocionales y los patrones que se generan pueden amenazar el éxito de un matrimonio, pero que nunca es demasiado tarde para la sanidad (aun si las heridas tienen ya décadas):

"¡Ya tuvimos suficiente! Si Dios no nos sana, no tendremos otra opción que separarnos...". Después de casi cuarenta años de matrimonio, Lily y Julián [los nombres fueron cambiados] estaban exhaustos, desilusionados y desesperados. Durante años habían hecho muchos intentos para trabajar su relación por su cuenta, con pocos cambios en las áreas claves. Julián era de temperamento pasivo, con cierto contento por dejar las cosas en manos de su esposa y con dificultad para expresar sus sentimientos. Lily tenía un temperamento más sanguíneo y se había hecho cargo de las cosas desde el principio. El problema es que cuanto más ella envejecía, menos energía y fuerza tenía para hacer lo que solía hacer y más resentida estaba con su marido por no hacer su parte. Si había que ser honestos, ni Lily ni Julián realmente

deseaban separarse. Deseaban estar más unidos y aferrarse a la esperanza de que Dios podía ayudarlos a encontrar paz y una forma de que las cosas funcionen.

Nosotros les explicamos que los patrones negativos en el matrimonio por lo general tienen su raíz en heridas emocionales y ataduras espirituales. Dios sabe exactamente cuáles son esas raíces y podemos pedirle que nos las muestre. Los invitamos a trabajar con nosotros usando este abordaje y ellos estuvieron muy bien predispuestos desde el inicio. Cada vez que venían a la consejería, afloraban profundas heridas ocultas de la infancia o del matrimonio.

Una de las raíces más importantes que el Señor reveló fue un incidente que tuvo lugar en las primeras semanas de casados. En un terrible incidente fuera de su casa, Lily fue acosada sexualmente por un extraño. Ella le confió a Julián lo que había sucedido, buscando consuelo y protección. Pero debido a ciertas experiencias en su propia infancia que salieron a la luz cuando hablamos y oramos juntos, Julián se sentía totalmente abrumado y paralizado por esta situación. Como resultado, no podía mostrar empatía o hacer algo para protegerla. Su reacción afectó e hirió profundamente a Lily. Ella respondió con enojo, amargura y sospecha. Después de todo, no era la primera vez en su vida en que un hombre la había atacado y aquellos en quienes ella había confiado miraban para otro lado. Su esposo no parecía ser diferente...

En ese momento, ni Lily ni Julián tenían las herramientas para tratar la situación, así que intentaban dejar atrás la mala experiencia lo mejor que podían y avanzar. Pero Lily nunca pudo volver a abrirle su corazón plenamente a su esposo. Había algo profundamente roto entre ellos.

Combinando las herramientas de oración de este libro, esta profunda herida y otras relacionadas a esta finalmente fueron sanadas. Como resultado, la relación cambió notablemente entre ellos. Julián nos cuenta que se ha vuelto más proactivo y feliz de tomar la iniciativa. Lily está aprendiendo a confiar en su marido y a dejar de luchar sola. Su relación ahora es de amor y respeto. Comenzaron a usar las herramientas de oración para orar el uno por el otro cada vez que lo necesitan; finalmente encontraron la paz y unidad que tanto anhelaban. *"Seguimos siendo el mismo matrimonio, pero nuestra relación ha sido hecha totalmente nueva ¡por el poder de Cristo a través de las oraciones de sanidad!"*, dicen.

Pausa para pensar

- ¿Hay algún patrón negativo en tu matrimonio? Pídele al Espíritu Santo que te muestre qué está alimentándolo en la actualidad.
- Oren juntos: Pídanse perdón donde se hayan herido el uno al otro por medio de palabras o acciones. Pídanle perdón a Dios y rueguen que Él sane la herida.

Capítulo 20

CÓMO SANAR HERIDAS DEL PASADO Y DEL PRESENTE

Herramienta #2: Oraciones para recibir sanidad

Hemos visto cómo podemos ser heridos emocionalmente y por qué necesitamos sanidad si deseamos gozar de una unidad, amor y amistad más profunda en el matrimonio. Quizás a estas alturas ya pudiste identificar algunas heridas en tu vida o en tu relación. La pregunta ahora es: ¿cómo se pueden sanar las heridas de modo que ya no te molesten y ambos puedan crecer juntos en amor y amistad? Creemos que, como esposos, podemos ministrarnos el uno al otro sanidad y liberación. Aprender a usar las oraciones que ofrecemos en este capítulo para sanar es una clave importante para ayudarlos a orar en forma efectiva.

Un matrimonio sanador en proceso

Cuando el Espíritu Santo nos muestra las heridas en nuestra vida, o en la vida de nuestro cónyuge y sabemos cómo orar por sanidad, luego Dios nos puede usar para sanar hasta la herida más profunda. Lee Santiago 5:16 una vez más:

"Por eso, confiésense unos a otros sus pecados, y oren unos por otros para ser sanados. La oración fervorosa del justo tiene mucho poder".

¡Qué versículo tan increíble! Ya hemos visto cómo podemos pedir y recibir perdón por nuestro pecado en el apartado anterior. Esto corresponde a la primera parte del versículo, *"confiésense unos a otros sus pecados"*. Habiendo hecho esto, estamos listos para la segunda parte del versículo: *"...y oren unos por otros para ser sanados"*. Nuestra tarea, entonces, es clara: "oren unos por otros para ser sanados". No es necesario que digamos ninguna palabra o frase ni sigamos ningún ritual en particular cuando oramos por sanidad, pero para muchas personas es útil trabajar con un modelo de oración. Esto ayuda a entender y a internalizar los principios de la sanidad y aplicarlos a su situación. Por esta razón hemos escrito las *Oraciones para recibir sanidad* y otras oraciones en este libro. Deseamos darles herramientas adaptables que puedan emplear una y otra vez. Nuestra esperanza y oración es que cuando comiencen a ponerlas en práctica, experimenten el poder de la sanidad de Dios para transformar el matrimonio en un espacio de gran sanidad, ¡tal como lo hemos experimentado nosotros!

Usar las oraciones para sanar las heridas

¿Qué podemos hacer cuando nos sentimos, por ejemplo, heridos o irritados? Un buen lugar para empezar es en la raíz. Esto puede estar relacionado a un dolor del pasado o del presente.

Pausa para pensar

- ¿Por qué me siento herido? ¿Es por lo que haya dicho o hecho mi pareja que haya sido incorrecto?

- ¿Es algo aún más profundo, relacionado con otro tema totalmente distinto, cuyo recuerdo emocional se disparó por algo que haya dicho o hecho mi pareja?

Si es que él o ella te ha herido simplemente por decir o hacer algo incorrecto, entonces intenta hablar del tema. Si reconoce donde se equivocó, tendrá la oportunidad de disculparse para dar lugar al perdón y a la reconciliación. Por ejemplo, quien de los dos pida perdón en esta situación podría decir: "Siento haber sido impaciente o haberte hablado en ese tono porque estaba cansado". A lo que tú podrás responder: "¡Te perdono!"

Efesios 4:26-27 dice así:

"Si se enojan, no pequen; que el enojo no les dure todo el día. No le den oportunidad al diablo".

Y Salmos 4:4 refuerza esta instrucción:

"Si se enojan, no pequen; cuando estén en sus camas examinen en silencio sus corazones".

Muchos conflictos se pueden resolver con este simple abordaje. No obstante, las cosas se complican cuando uno de los miembros de la pareja lamenta genuinamente lo que ha dicho o hecho, pero el otro simplemente no puede perdonarlo. Esto puede ser una señal de que hay algo más profundo que debe ser examinado más de cerca. A menudo hay una raíz más amarga conectada a una herida del pasado. Si este es el caso, podemos ir un paso más allá y pedirle al Espíritu Santo que nos muestre exactamente de dónde proviene la amargura y la falta de perdón.

Oración al Espíritu Santo

Puedes decir:

"Por favor, Espíritu Santo, muéstrame (o muéstranos) por qué me siento tan herido y resentido y no puedo perdonar".

Luego toma un momento para esperar y oír lo que te está mostrando o diciendo el Espíritu Santo. Quizás venga a tu mente algún recuerdo o pensamiento en particular. Por lo general, Él nos mostrará que la herida o el resentimiento que nos impide perdonar a nuestra pareja no tiene nada que ver con ellos, o ni siquiera con nuestro matrimonio, pero sí con una situación dolorosa en el pasado. En este caso, usa las siguientes oraciones de sanidad para pedirle al Señor que sane tu dolor. Hemos visto que muchas heridas internas pueden ser verdaderamente sanadas cuando realizamos estos pasos de oración. Pueden hacerlo juntos o cada uno por su lado.

ORACIONES PARA RECIBIR SANIDAD

Paso 1: Cuéntale a Jesús lo que te dolió

Puedes decir:

"Amado Jesús, me siento herido porque ___________"

Es importante que expresemos nuestros verdaderos sentimientos acerca de lo que nos ha herido. Cuando venimos a Jesús podemos ser completamente francos. No hay necesidad de minimizar ni hacernos los fuertes en su presencia. De hecho, si dejamos que el dolor aflore, ¡Dios puede sanar la herida! Este es el próximo paso.

Paso 2: Pídele a Jesús que sane tu dolor

A nuestro Señor Jesús le dijeron y le hicieron muchas cosas dolorosas cuando estuvo en la Tierra. Él sabe lo que es ser rechazado, ridiculizado, burlado, falsamente acusado, abandonado y hasta torturado y asesinado.

Puedes decir:

"Amado Señor Jesús, fuiste herido por otra gente. Cargaste mi dolor en la cruz; esto te da el poder para sanarlo. Te lo entrego ahora. ¡Por favor, sáname!"

Cuando haces esta oración modelo (o una que exprese lo mismo con tus propias palabras), quizás empieces a sentir un dolor físico real en tu corazón o en el cuerpo. Este es el dolor emocional que está aflorando. Puedes poner tu mano donde sientes el dolor y decir estas palabras:

"¡Gracias, Jesús que estás sanando mi dolor!"

Nota: Ten cuidado de no salir de esta etapa demasiado rápido. ¡Dale tiempo al Señor para que sane el dolor por completo!

***

Nos encanta esta parte de las oraciones de sanidad. Lo hemos experimentado nosotros mismos y con otros, que Jesús realmente trae consuelo y sanidad. Por lo general, Él aparece al que está herido en una visión que ellos ven en su mente o en el espíritu. O quizás pueden de repente experimentar su presencia y paz inconfundible. No obstante, Jesús sana, ¡es siempre maravilloso testificar del Señor de su sanidad a nuestra pareja! Muchas parejas experimentan esto por primera vez cuando vienen a nosotros por consejería, y les da valentía y esperanza para seguir orando el uno por el otro de este modo en su hogar.

Una vez que la herida ha sido curada y la pareja que está recibiendo oración está sana, están listos para dar el próximo paso, el cual es perdonar a la persona que te/les hizo daño o lastimó.

Paso 3: Perdona a la persona que te ha herido
Puedes decir:

"Yo perdono a ___________ por lo que él o ella me dijeron o me hicieron"

El perdón no siempre es fácil. A mucha gente le cuesta mucho perdonar, pero nos libera del deseo traicionero de venganza y restaura nuestra paz. La falta de perdón, en cambio, arruina nuestra relación con Dios. De hecho, cuando no perdonamos, nos ponemos a merced de ser atormentados por pensamientos y sentimientos negativos y por reales poderes demoníacos.

En la parábola del siervo malvado Jesús describe su condición como quien está en una prisión. Él muestra que el perdón es la única salida de esa prisión (ver Mateo 18:21-35).

Si tu dolor ha sido sanado, pero no puedes perdonar, puedes orar por liberación. En este caso, puedes ordenarle al espíritu de resentimiento que se vaya hasta que seas libre y puedas perdonar. Veremos las oraciones en mayor detalle en la próxima sección sobre liberación.

Al final de estos tres pasos, si ya no sientes el dolor y has podido perdonar, puedes decir:

"¡Gracias, Jesús, por sanar mi dolor!"

Nota: Si aún sientes dolor y perdonar te resulta difícil perdonar, pero deseas hacerlo, puedes repetir los tres pasos de sanidad, o avanzar a las herramientas #3 (tratar con las reacciones negativas) y #4 (sanar los recuerdos). A veces es necesario orar por la sanidad de los recuerdos o tratar con las reacciones a las heridas, u orar por liberación primero (herramienta #5), para luego recibir completa sanidad.

Pausa para pensar

- ¿Qué herida interna deseas traer a Jesús?
- ¿Te das cuenta cuando tu pareja se siente herida o no se siente muy bien?
- ¿Estás listo para probar las oraciones sanidad junto con tu cónyuge?

Capítulo 21

CÓMO TRATAR CON LAS REACCIONES NEGATIVAS

Herramienta #3: Oraciones para tratar las reacciones negativas

Hemos visto cómo llevar como matrimonio el dolor emocional a Jesús, pero esta es solo la primera parte de la sanidad efectiva. El paso siguiente es tratar las reacciones a lo que nuestra pareja nos ha dicho o hecho. Estas reacciones traen otras heridas y alimentan el conflicto. Imagina que uno de ustedes ha tenido un mal día o simplemente no se siente bien y dice algo hiriente sin darse cuenta. La otra persona no puede pasarlo por alto y responde con una palabra áspera también, y ambos terminan discutiendo. Si esto te resulta familiar, ¡no estás solo!

Muchas de nuestras reacciones a las heridas son entendibles y humanas. Podemos hasta justificarlas. Pero aferrarse a ellas puede causarnos más problemas en realidad. Tratar nuestras reacciones, en cambio, es como aplicar desinfectante a una herida:

mata los gérmenes no deseados y permite que se sane bien la lastimadura.

Asumir la responsabilidad por nuestras reacciones

Muchos nunca superan las heridas que han recibido. Se aferran a reacciones de amargura, enojo, dolor y falta de perdón, a veces por años. Al igual que sucede con las heridas físicas, aparece la infección, la que a su vez impedirá la sanidad completa de la herida. Esta condición es lo que venimos llamando "infección espiritual".

Si deseamos avanzar, tenemos que atender las reacciones a las heridas. Muchas de las respuestas negativas ante el dolor, tales como el odio, la falta de perdón, la autocompasión, entre otras, llevan a un comportamiento pecaminoso. Efesios 4:31 nos advierte:

> *"Alejen de ustedes la amargura, las pasiones, los enojos,*
> *los gritos, los insultos y toda clase de maldad".*

En vez de aferrarse a esas reacciones y dejar que arruinen nuestra vida, ¡es mucho mejor tratar con ellas! La herramienta de oración que te presentamos a continuación te ayudará a romper el poder de las reacciones negativas a las heridas y a librarte a ti y a tu matrimonio de su veneno.

ORACIONES PARA TRATAR LAS REACCIONES NEGATIVAS

Paso 1: Dile a Jesús cómo te sientes acerca de lo que sucedió y de cómo reaccionaste

Si has dicho o hecho algo incorrecto por haberte sentido herido, confiésalo al Señor.

Puedes decir:

"Amado Señor Jesús, me siento ____________ por lo que mi pareja me ha dicho o hecho. Fue desagradable e injusto. Pero yo también dije o hice cosas desagradables e injustas porque me sentí herido".

Es importante expresar nuestras reacciones a las heridas en forma sincera. Hablar con Dios acerca de nuestras reacciones a lo que nos ha herido no tiene que ver con autocompadecerse con pensamientos negativos, o quedarnos en la herida o incluso tratar de justificar nuestras reacciones. Esto propiciaría una mentalidad de víctima, ¡que ciertamente no deseamos! Por el contrario, decirle a Dios en forma abierta y franca cómo nos sentimos, nos ayuda a llegar a un punto donde podemos permitirle a Dios que trate con las reacciones negativas y rompa su poder. Algunas reacciones a las heridas pueden ser tan fuertes que estamos en peligro de herirnos a nosotros mismos o a nuestro cónyuge si Dios no nos ayuda a librarnos de ellas.

Paso 2: Pídele a Jesús que te perdone por las reacciones a las heridas y por aferrarte a ellas

Dile a Jesús que lamentas pensar, decir o hacer cosas incorrectas como resultado de tus reacciones a la herida.

Puedes decir:

"Señor Jesús, perdóname por la forma en que reaccioné y por aferrarme a estos sentimientos y reacciones negativas".

Cuando recibimos heridas en el matrimonio, muchas veces nosotros mismos reaccionamos en forma negativa. Pasamos de ser víctimas a ser perpetradores. Puede ser liberador reconocer y admitir lo que nos ha sucedido. Reconocer que hemos reaccionado en forma negativa a nuestra herida en el matrimonio o en otras situaciones de ningún modo minimiza o justifica lo que nos han hecho. ¡Tampoco le da a nadie permiso para seguir lastimándonos! Pero sí protege nuestro corazón de las raíces de amargura y de la victimización o autoconmiseración. También le permite a Dios sanarnos de modo que podamos verdaderamente dejar atrás el dolor del pasado y del presente y avanzar juntos.

Paso 3: Pídele a Jesús que se lleve los sentimientos negativos

Puedes decir:

> *"Te pido Señor Jesús que te lleves estos sentimientos negativos (nómbralos). ¡Los dejo ir y te los entrego a ti!"*

Puede servirte imaginar que estás parado al lado de Jesús. Te ves a ti mismo entregándole a Él todos tus sentimientos y reacciones negativas a las heridas.

Una vez que se han ido, agradécele al Señor por tu esposo o esposa y bendícelo/a:

Puedes decir:

> *"Gracias, Jesús, por _________________ (nombre)! Lo/La bendigo en tu nombre!"*

Pausa para pensar

- ¿Cómo es que tus propias reacciones a las heridas te han hecho herirte a ti mismo y a otros?
- ¿En qué situación te has vuelto resentido o has dicho cosas hirientes?
- Trata las reacciones negativas aplicando las *Oraciones para tratar las reacciones negativas* a las heridas.

Capítulo 22

CUANDO NOS ATORMENTAN LOS RECUERDOS

Herramienta #4: Oraciones para sanar los recuerdos

Llegamos ahora a nuestra tercera herramienta de oración, las *Oraciones para sanar los recuerdos*. Con una estructura similar a las *Oraciones de sanidad* y las *Oraciones para tratar las reacciones negativas*, esta tercera herramienta ofrece otra forma de acceder a nuestras heridas internas y permitirle a Dios para que obre su sanidad.

Cuando empezamos a ser conscientes de las heridas que traemos al matrimonio o situaciones en las que nos hemos dañado mutuamente, puede ser útil invitar a Dios a los recuerdos dolorosos asociados con ellas. Dios no está limitado al tiempo ni al espacio, de modo que no es un problema para Él obrar en el recuerdo y sanar los eventos dolorosos del pasado. Las *Oraciones para sanar los recuerdos* nos preparan para recibir esta sanidad tanto para las heridas superficiales como las más profundas.

Algunas heridas o recuerdos dolorosos pueden ser muy tangibles, mientras que otros pueden estar reprimidos o incluso olvidados. Pero hasta que no sean sanados, pueden seguir influenciando negativamente nuestros pensamientos y acciones. La belleza de las *Oraciones para sanar los recuerdos* es que cualquier dolor o reacción negativa que hayamos experimentado en el momento en que se formó el recuerdo puede aflorar a la superficie de nuestra vida para ser sanado por el poder de Dios. Y cuando un recuerdo doloroso es curado, vemos que aunque somos capaces de recordar lo que sucedió, ¡ya no nos duele!

Esta herramienta de oración es invalorable. La hemos usado juntos para orar por situaciones muy dolorosas de nuestro pasado. Dios nos ha sorprendido una y otra vez cada vez que nos ha sanado y liberado. Nos han maravillado las cosas ocultas que el Espíritu Santo ha sacado a la luz y los cambios que ha traído a nuestras vidas el soltar y sanar esos recuerdos. La historia que contamos a continuación es solo un ejemplo.

Sorprendidos por el Espíritu Santo

Durante muchos años, como adulto, Daniel se sentía extrañamente inquieto cuando empezaba a caer la noche y estaba fuera de casa, pero no sabía por qué. Un día el Espíritu Santo nos sorprendió llevándolo a Daniel al pasado, a la jaula de los reptiles del zoológico Zurich Zoo. La jaula siempre solía estar bastante oscura, y de niño, él tenía terror al cocodrilo de esa celda, que era de gran tamaño. Cuando surgió el recuerdo, se quedó orando hasta comenzar a experimentar el mismo sentimiento de ansiedad y temor que generalmente venía sobre él cuando comenzaba a oscurecer. Pero de pronto vio una luz; entonces le ordenamos al espíritu de temor que se fuera hasta ver que Daniel se sintiera libre. Al día siguiente, cuando empezaba a oscurecer, notó que esa extraña sensación se había ido.

ORACIONES PARA SANAR LOS RECUERDOS

Paso 1: Pídele a Jesús que te lleve al recuerdo doloroso
Puedes decir:

"Amado Señor Jesús, ¡llévame al recuerdo doloroso que Tú deseas sanar!"

Luego espera y ve lo que Dios trae a tu mente. Es asombroso lo que a veces sucede cuando oramos de esta manera. Lo importante para recordar es que Jesús es un caballero, y nunca traerá a la memoria algo que sea demasiado doloroso para ti en este momento, sino que te revelará lo que en ese tiempo estés capacitado para enfrentar. En nuestra experiencia, los recuerdos correctos siempre aparecen en el momento correcto, ¡y son los que necesitan sanidad en ese momento!

Una vez que el recuerdo está allí, permite que los sentimientos que están asociados con él afloren a la superficie. Invitar a Jesús a que nos lleve al recuerdo doloroso por lo general significa experimentar los mismos sentimientos de dolor, temor, enojo, odio, soledad, entre otros, que sentimos en el momento en que se produjo el evento doloroso, aunque ahora estemos en el tiempo presente.

Es importante permitir el tiempo necesario para que afloren los sentimientos durante este paso, y no tratar nosotros mismos de forzarlo. De otro modo, las emociones negativas pueden volver a ocultarse sin recibir la sanidad en forma completa y adecuada, y pueden seguir molestando a futuro.

Paso 2: Pídele a Jesús que entre a los recuerdos dolorosos
Puedes decir:

"Señor Jesús, por favor entra e interviene en este recuerdo doloroso".

Ten en cuenta: en este paso, no se trata de imaginar a Jesús haciendo algo o tratar de convencernos a nosotros mismos de que podemos verlo haciendo esto o aquello para sanarnos.

Más bien, tiene que ver con invitar a Jesús a una situación y darle la oportunidad de entrar y revelarse a sí mismo en ese momento. Esto es muy diferente de simplemente pensar en forma positiva acerca del pasado o imaginar finales diferentes a ciertas situaciones.

Jesús *realmente* tiene el poder de entrar a nuestros recuerdos dolorosos y ¡obrar una sanidad milagrosa! Hemos visto esto vez tras vez en nuestro propio matrimonio y con un incontable número de personas que hemos ministrado. Es la sola presencia del Salvador resucitado y la revelación de sí mismo a nosotros en un momento doloroso que trae sanidad y liberación, que nunca podría ser alcanzado por medio del pensamiento positivo o de un consejo bien intencionado.

Jesús se revela a sí mismo y sana de diferentes maneras. En el ejemplo que compartimos previamente, Daniel vio una luz, que creemos que era la luz de Cristo. Muchos que hacen esta oración realmente ven a Jesús haciendo algo que los conforta, los protege y los toca profundamente. Otros simplemente experimentan la paz profunda y tangible de Dios que no puede explicarse con palabras.

> *"Les dejo la paz. Les doy mi paz, pero no se la doy como la dan los que son del mundo. No se angustien ni tengan miedo"* (Juan 14:27).

Paso 3: Expresa el perdón

Si has sido herido por alguien en el recuerdo que ha aflorado, puedes decir:

"Yo perdono a __________ por lo que me dijo o me hizo. Y yo te pido, Señor Jesús, que me perdones por __________ (nombra las reacciones a la herida)".

Cuando sientas paz, piensa nuevamente en el recuerdo doloroso. Pregúntate: "¿Cómo me siento ahora?"

Si todavía no has llegado a esa instancia, permanece en oración en la presencia de Dios un poco más de tiempo hasta sentir su paz y consuelo. Luego agradécele por sanar este recuerdo.

Nota: Para librarse por completo de un recuerdo doloroso, puedes necesitar también oración para liberación. Vamos a tratar este tema en la siguiente sección.

Pausa para pensar

- ¿Tienes algún recuerdo doloroso que desees que te sane Jesús?
- Usa las *Oraciones para sanar los recuerdos* para traer este recuerdo ante Jesús e invítalo a que te sane.

LIBERACIÓN

Aprender a orar por liberación

EL PODER DE LA LIBERACIÓN EN EL MATRIMONIO

La clave para un cambio tangible

Cuando hablamos de liberación nos referimos a un proceso espiritual que tiene lugar en el reino espiritual o invisible. Sin embargo, nos lleva a un cambio real y tangible en el mundo visible de nuestros pensamientos, sentimientos y acciones.

Si deseamos experimentar el poder transformador de la liberación, deberemos primero entender la realidad del mundo invisible a nuestro alrededor y su influencia en nuestro matrimonio. Eso nos ayudará a reconocer nuestra necesidad de oraciones para liberación y prepararnos para apropiarnos de la victoria sobre las tinieblas que Dios ya ha ganado para nosotros en Cristo Jesús.

Una mirada detrás de bambalinas

Si tienes una mentalidad occidental, la idea de estar rodeado por un mundo invisible puede ser nueva para ti. Este era el caso de un hombre al que llamaremos Juan, a quien Daniel acompañó aquí en Suiza hace unos años. Jack era alcohólico y su adicción había causado muchos problemas en su matrimonio. No creía en Dios, pero apreciaba la relación que tenía con Daniel.

Un día, Juan estaba caminando por una calle desierta cuando pasó por un bar. No tenía la intención de entrar, pero de repente escuchó una voz clara y audible que le dijo: "¡Vamos, entremos al bar y tomémonos unos tragos!". Miró a su alrededor para ver quién lo había llamado, pero no había nadie allí. La calle estaba vacía. Juan estaba tan impactado por esta experiencia que de inmediato fue a ver a Daniel para preguntarle qué pensaba al respecto.

Ahora Juan estaba sano mentalmente y tenía un buen trabajo. Como no creía en Dios, no creía tampoco en un mundo espiritual ni invisible. Pero cuando una voz audible –que él sabía que no podría haber sido humana– le habló de la nada, sus ojos espirituales de pronto se abrieron y estaba horrorizado. Se dio cuenta de que un poder extraño fuera de él mismo había estado tratando de manipularlo como una marioneta, para que vuelva a la bebida. Antes de esta experiencia, Juan estaba orgulloso tener independencia de pensamiento y autodeterminación. De pronto se dio cuenta que, cuando se trataba de la bebida, él no estaba en control, sino que "algo" lo estaba controlando a él.

Tal como Juan ese día descubrió –lo creamos o no, nos guste o no– hay un reino invisible, una dimensión espiritual a nuestro alrededor que es muy real. ¡Este mundo tangible no es todo lo que hay! Pero la buena noticia es que, si pertenecemos, amamos y seguimos al Señor Jesús, de ningún modo estamos indefensos contra las fuerzas espirituales que son parte de ese reino invisible.

Dios nos ha dado la victoria

La Biblia nos enseña que Dios ya ha vencido al mal y a todos los poderes de las tinieblas de una vez y para siempre a través de la muerte y resurrección de su Hijo, el Señor Jesús. Más aún, Él nos ha equipado con las herramientas espirituales necesarias para protegernos a nosotros y a nuestro matrimonio de cualquier ataque que venga contra nosotros desde el mundo invisible.

Los problemas en la esfera natural y visible pueden tener un componente espiritual, como en el caso de nuestro amigo que luchaba con el alcohol, en la anécdota que contamos anteriormente. El tomar conciencia de que esto puede ser así no debería atemorizarnos, sino darnos esperanza y coraje. De pronto nos damos cuenta de que las cosas que hemos aceptado como parte de la vida, o quizás tan solo nuestra forma de ser, podrían cambiar, y que si pudiéramos vencer y librarnos de las influencias espirituales del mundo invisible que nos acosan, ¡entonces seríamos libres!

Cómo la liberación cambió nuestro matrimonio

Al igual que con el ministerio de sanidad, hemos tenido algo de experiencia en el ministerio de liberación cuando éramos recién casados. Ambos habíamos recibido liberación y eso había hecho una tremenda diferencia en nosotros. Pero también habíamos orado por otros para liberación y visto muchas vidas cambiadas.

Como mencionamos antes, la intimidad de la vida matrimonial saca a luz aquello que necesita ser restaurado en cada uno de nosotros. Así que nuestro matrimonio también se vio confrontado con temas internos y patrones de conducta negativos. ¡Orar por liberación rápidamente se volvió para nosotros algo tan importante como orar por sanidad y perdón!

Esther recuerda una de nuestras primeras experiencias en oración por liberación que tuvimos juntos, que sucedió poco después de habernos casado:

"Daniel me iba a dar un abrazo cuando de pronto sentí de protegerme el rostro con los brazos, como si me protegiera de alguien que me estaba atacando en vez de abrazando. Ahora bien, sabíamos que yo nunca había experimentado violencia o abuso físico, por lo que esta reacción parecía ser muy extraña. Decidimos pedirle al Espíritu Santo que nos mostrara exactamente lo que estaba sucediendo. En oración, yo recordé un incidente que tuve a una corta edad en Kenia. Un hombre que trabajaba en la casa de al lado intentó abusarme. Afortunadamente, mi madre me estaba buscando y me estaba llamando. Cuando el hombre escuchó su voz, me soltó rápidamente.

Mediante las *Oraciones para sanar los recuerdos* que compartimos anteriormente, pude recibir sanidad del Señor de esta experiencia. Luego seguimos orando por liberación, ordenándole a todo espíritu que había tenido acceso a mi vida que se fuera. Sentí que realmente algo que no era parte de mí se había ido. Desde que oramos por sanidad y liberación por este incidente, nunca volvía tener esta reacción cuando Daniel trató de abrazarme. Nos asombró también que la tensión que había experimentado antes durante la intimidad sexual había desaparecido también y yo podía abrirme a Daniel con mucha más libertad".

Los cambios que experimentamos en nuestro matrimonio como resultado de estas primeras oraciones prepararon el camino para orar juntos por sanidad y liberación en muchas otras situaciones. Desde la comodidad de nuestro propio hogar, hemos podido ayudarnos efectivamente a superar muchos temas en todo tipo de diferentes áreas, a medida que iban saliendo a la superficie.

Aún seguimos entusiasmados cuando pensamos en el cambio que se hace posible cuando oramos por liberación. ¡Y combinada con la sanidad y el perdón, la liberación puede superar muchos más temas en un matrimonio de lo que habíamos pensado!

Pausa para pensar

- ¿Crees que el mundo espiritual o invisible puede ejercer alguna influencia en tu matrimonio?
- ¿Hay áreas de tu matrimonio en la que sospechas que está operando algún poder de las tinieblas?

Capítulo 24

EL REINO ESPIRITUAL QUE NOS RODEA

Dios nos da la victoria

Cuando tenemos problemas en nuestro matrimonio y buscamos soluciones, es importante entender que no solo estamos rodeados por un mundo invisible, sino que hay una batalla espiritual que está teniendo lugar en ese reino. Como seres humanos, hechos a la imagen de Dios, nosotros estamos en el centro de esa batalla.

El apóstol Pablo habla de esta batalla en su carta a los Efesios:

"Porque no estamos luchando contra poderes humanos, sino contra malignas fuerzas espirituales del cielo, las cuales tienen mando, autoridad y dominio sobre el mundo de tinieblas que nos rodea" (Efesios 6:12).

En otras palabras, así como hay ángeles, de los cuales a muchos nos gusta hablar, también hay espíritus malignos (de esos no nos gusta tanto hablar). La Biblia los describe como "ángeles caídos", que alguna vez fueron buenos pero que cayeron de la presencia de Dios. En vez de servir a Dios, ahora están luchando contra Dios. Nos atacan a los humanos en un intento por derribarnos y hacer que nos alejemos de Dios como ellos lo hicieron.

El ángel caído de más alto rango es conocido como Lucifer o Satanás, y muchos creen que una vez fue un arcángel.

Hay por lo tanto no uno, sino dos reinos espirituales en el mundo invisible. El primero es el reino de Dios, con un sinnúmero de ángeles. Es un reino de luz y del Hijo de Dios, Jesús el Cristo. El segundo es el reino de las tinieblas, donde se reúnen los ángeles caídos en torno a Satanás. Se han levantado contra Dios en la esperanza de que un día puedan vencerlo. Sin embargo, a través de la cruz de Cristo, Satanás y todos sus demonios han sido vencidos y desarmados. En Colosenses 2:15, leemos:

> *"Dios despojó de su poder a los seres espirituales que tienen potencia y autoridad, y por medio de Cristo los humilló públicamente llevándolos como prisioneros en su desfile victorioso".*

Entender que el enemigo ha sido despojado de su poder es fundamental cuando se trata de orar por la liberación de sus ataques. Saber que Jesús venció a Satanás a través de su sacrificio y su sangre vertida en la cruz es fundamental. Sin ese conocimiento, no puede haber liberación. Lo que Jesús logró para nosotros a través de su muerte y resurrección es el fundamento de nuestra salvación y la base de nuestra sanidad y liberación.

El filósofo Friedrich Nietzsche una vez hizo una trágica declaración acerca de los cristianos que él había conocido: *"Mejores canciones tendrían que cantarme para que yo aprendiese a creer en su redentor: ¡más redimidos tendrían que parecerme los discípulos de ese redentor!"*.[1] Creer en la salvación y experimentarla no son

---

[1] Nietzsche, F. (1972). "Así habló Zaratustra" (Trad. A. Sánchez Pascual. Alianza Editorial, p. 101. (Trabajo original publicado en 1883)

la misma cosa, y no producen los mismos resultados. Si la salvación se mantiene como un conocimiento racional, pero nunca experimentamos el poder de Dios, entonces nuestra fe puede convertirse rápidamente en algo rígido. Creemos que Dios no solo desea darnos la fe para creer en Él para nuestra salvación, sino que también quiere equiparnos con las herramientas necesarias para poner en práctica y experimentar la salvación en cada nivel, ¡incluyendo en nuestro matrimonio!

Jesús les dio estas herramientas por primera vez a los doce discípulos cuando los envió con el poder y autoridad para expulsar demonios y para sanar enfermedades (ver Lucas 9:1-2). Dios las ha puesto a disposición de todos los creyentes mediante el derramamiento de Espíritu Santo en Pentecostés. ¡Y aún siguen disponibles para nosotros hasta el día de hoy! Nosotros podemos usarlas en nuestro matrimonio para recibir sanidad y liberación, de modo que aún Nietzsche, si estuviera vivo hoy, ¡vería los resultados y llegaría a la conclusión de que nuestro Salvador ciertamente vive y nos ha salvado!

Así que aprendamos a evaluar las situaciones en nuestro matrimonio desde una perspectiva espiritual, y a elegir las oraciones correctas junto con las soluciones prácticas que sean relevantes al problema.

Un ejemplo de ministración

Para ilustrar lo que implica usar estas herramientas —y la diferencia que pueden hacer en nuestra condición espiritual— les vamos a contar sobre nuestros amigos, a los que llamaremos Rosa y Miguel, de Argentina. Cuando los conocimos, aún no estaban casados pero tenían hijos de la misma edad que los nuestros.

Una noche durante la cena, mientras hablábamos de la vida y el amor, Miguel habló sobre su ambivalencia acerca de contraer matrimonio. Por una parte, él deseaba realmente casarse.

Por otra, tenía temor porque el matrimonio de sus padres había sido muy difícil. No deseaba que un certificado de matrimonio pusiera en riesgo el amor y amistad que tenían en su pareja.

Le explicamos que el dolor que él sentía por la relación de sus padres podía ser sanado, y que podía ser liberado del temor de que el compromiso matrimonial pudiera destruir su amor. Le ofrecimos orar por él y el aceptó agradecido. Esa misma noche, el Señor sanó su dolor y lo hizo libre del miedo que lo estaba frenando. ¡Poco tiempo después le propuso matrimonio a Rosa y se casaron!

La liberación como parte de la vida diaria

Jesús vino a darnos vida en abundancia (Juan 10:10). En otras palabras, Él está a nuestro favor y cuando diseñó el matrimonio deseaba que fuera hermoso y que nos trajera un gran gozo. Pero Satanás, nuestro enemigo, quiere robarnos, matarnos y destruir todo lo que pueda en nuestras vidas, y así es como nos ataca en cada oportunidad que tiene (1 Pedro 5:8).

Esta es una triste realidad espiritual, aunque no siempre queramos escucharla. Y por esta razón es importante agregar herramientas de liberación para nuestro kit de herramientas para el matrimonio, de modo que podamos defendernos de los ataques del enemigo y experimentar la vida y el matrimonio a pleno.

Así como nos cepillamos los dientes para mantenerlos limpios y evitarnos la aparición de caries, también podemos usar las *Oraciones para recibir liberación* en nuestra vida diaria de modo de mantener una vida espiritual saludable. Quizás resulte un poco extraña la comparación de la liberación con el cepillado de dientes, pero hay bacterias en los dientes que no podemos ver, que pueden causar un dolor y un daño real a nuestra dentadura si no las eliminamos con un minucioso cepillado. Para ayudar a los a niños a entender la importancia del cepillado de dientes, las bacterias a veces son presentadas como los "demonios de los dientes". Del mismo modo, no podemos ver los espíritus malignos o demonios, pero están allí, constantemente buscando formas de atacar y arruinar las vidas y los matrimonios.

Debemos proteger regularmente nuestra alma y cuerpo de los ataques espirituales, y rápidamente librarnos de los invasores que se cuelan en nuestras defensas. Esto es clave para una buena salud física, espiritual y emocional.

La liberación bajo fuego

Satanás prueba con muchas estrategias diferentes para hacernos la vida más difícil como pareja, y para impedir que descubramos las herramientas de liberación que podrían ayudarnos. Las estrategias comunes que el enemigo emplea para mantener a la gente atada son:

- Ignorancia o incredulidad
- Temor del maligno
- La idea de que las oraciones para recibir liberación son complicadas
- La creencia de que se necesitan expertos para ministrar liberación

Es importante que aprendamos a ver estas estrategias por lo que son y aprender a defendernos en forma efectiva contra los ataques del enemigo. Las *Oraciones para recibir liberación* que presentamos en este libro son una herramienta eficaz y poderosa para este tipo de ministerio. Cuando empiezas a orar por liberación en diferentes situaciones, estás creando oportunidades para que Dios muestre su poder. La victoria que él ya ha ganado para ti en la cruz se convierte en una realidad en esta área de tu vida y de tu matrimonio. Experimentarás cada vez más que Jesús es realmente más fuerte y más grande que el maligno, y que tiene el poder para librarte del temor, del dolor, del trauma, adicción, enfermedad y muchas, muchas cosas más.

Cuanta más liberación reciban tú y tu cónyuge, menos tensión sentirán en la relación y mayor será la paz y la unidad entre ambos. Tu fe será fortalecida y podrás reconocer y vencer los futuros ataques del enemigo también. Esta ha sido nuestra experiencia, y estamos convencidos de que Dios desea darte igual discernimiento y victoria en tu matrimonio.

Pausa para pensar

- ¡Agradécele a Jesús que Él vino para darte vida abundante!
- ¿Cuál es la estrategia que el enemigo usa para impedirte orar por liberación? ¿Hay otras estrategias?

Capítulo 25

CÓMO IDENTIFICAR Y CERRAR LAS PUERTAS ESPIRITUALES

Prepararse para la libertad

La falta de libertad interior puede generar tensión en el matrimonio, que muchas veces lleva al conflicto. Por esta razón es importante que aprendamos a escuchar al Espíritu Santo, a discernir la raíz de los problemas y a orar por sanidad y liberación cuando sea necesario.

Es algo maravilloso ministrar a tu cónyuge y verlo sanado y liberado de la carga que los ha oprimido desde la infancia, la juventud o a través de las relaciones anteriores. Creemos que el sentir de Dios para el matrimonio es que aprendamos a orar el uno *por* el otro y *con* el otro ¡para que podamos ser usados grandemente en el Reino! ¡Qué gran alivio es cuando las cosas de nuestro pasado que nos han impedido crecer juntos en unidad y amor salen a la luz! Ya hemos hablado bastante acerca de esto, pero siempre es bueno mantener el objetivo en mente.

Un paso importante hacia alcanzar el objetivo de restauración y liberación es entender cómo pueden obtener acceso los espíritus malignos a nuestra vida. La idea no es hacer aquí una lista de todas las formas posibles de acceso, porque excedería el marco de este libro. Por el contrario, lo que deseamos es alertarte de algunas de las principales áreas de un potencial ataque espiritual en el mundo invisible.

Aprovechamos los contenidos desarrollados en las secciones anteriores para mostrarte el rol de la liberación al tratar con el pecado y al recibir una sanidad interior duradera, de modo que al final del libro puedas entender cada una de las cinco herramientas de oración y estar listo para usarlas con total confianza y seguridad.

Ataques espirituales

Los ataques espirituales son como dardos que el enemigo nos arroja para tratar de desanimarnos y robarnos la victoria en Cristo en cada área de nuestra vida. Una forma de saber si estamos bajo un ataque spiritual es cuando sentimos que *no somos nosotros*, o que no actuamos, ni pensamos ni sentimos de la forma en que normalmente lo haríamos. Por ejemplo ¿Han tenido alguna vez una discusión que escaló a mayores, pero que después ninguno de ustedes tenía idea de por qué estaban discutiendo? Es como si el conflicto hubiera estallado entre ustedes, pero no era parte de ustedes. Nosotros ciertamente hemos experimentado eso muchas veces. Aprendimos a respirar hondo, calmarnos y pedirle a Dios que nos muestre que hay detrás de la discusión. A veces era por estrés o porque no teníamos tiempo para la intimidad. Pero por lo general, era porque Dios deseaba usarnos para ministrar a otros y el enemigo trata de hacer todo lo posible para perturbar primero nuestra relación de amistad y nuestra unidad.

Podemos reconocer algunos ataques espirituales de inmediato, mientras que otros son más difíciles de discernir porque son mucho más sutiles. Nos hemos entrenado no para mirar las situaciones solo a través de ojos humanos, sino también con una mirada espiritual. Deseamos darle a Dios la oportunidad de que nos muestre cómo orar en cada situación, de modo que también nos de la victoria en Cristo. A veces Él nos da soluciones prácticas; otras veces nos señalará la necesidad de perdón o un cambio de actitud. Él también nos puede mostrar que estamos bajo un ataque en el mundo invisible y que debemos tomar autoridad sobre cualquier espíritu que venga contra nosotros y ordenarle que se vaya. Cuando oramos por liberación de esta manera puede haber una manifestación con bostezos, eructos o simplemente nos sentimos más livianos por dentro. Luego experimentamos un bienestar y ya nos sentimos a gusto con nosotros mismos otra vez.

Por último, las maldiciones son otro tipo de ataque espiritual que vale la pena mencionar en esta sección. Algunas veces son enviadas por otras personas que están tratando de hacernos daño en forma deliberada.

El pecado abre la puerta

Un punto de entrada importante para el ataque espiritual en el matrimonio es *el pecado*. Si no nos arrepentimos y no dejamos el pecado, somos espiritualmente vulnerables y el enemigo tiene acceso de manera legal a nuestra vida y a nuestra relación. Falta de perdón, enojo, resentimiento y odio son ejemplos de pecados por lo general relacionados con heridas no sanadas.

Otro punto de entrada importante es cuando la gente peca contra nosotros, por ejemplo, siendo manipuladores o dominantes, y no nos sentimos libres de ellos. Pero los espíritus vienen por la línea familiar. Pueden estar ocultos tras una tendencia hacia ciertas conductas pecaminosas, tales como la ira, el adulterio, la adicción, etc. Los traumas heredados son también comunes. Hemos orado por personas cuyos padres sufrían de trauma por la guerra, por ejemplo.

Una parte esencial en la preparación para la liberación es entonces estar dispuesto a librarse de cualquier pecado que conocemos, y deseamos perdonar a otros que han pecado contra nosotros o nuestros ancestros.

Heridas emocionales

Otro punto muy común para la entrada de demonios son las heridas emocionales no tratadas. En capítulos anteriores hemos visto cuán importante es sanarlas para evitar la infección espiritual. Pero no siempre sabremos manejar esto, de modo que debemos entender un poco más acerca de lo que es la infección espiritual, y el rol que cumplen las oraciones para recibir liberación en la limpieza de tales heridas para que puedan ser finalmente curadas.

La infección espiritual tiene lugar cuando el dolor de una herida emocional no es sanado y se le suman reacciones negativas tales como el enojo, la falta de perdón o la amargura. Los espíritus malignos pueden tomar ventaja de una situación así para entrar y reforzar o intensificar nuestras reacciones, sentimientos, pensamientos negativos. Por ejemplo, si alguien tiene un enojo natural, puede aprender a controlarse a sí mismo y mantenerlo a raya. Pero a alguien con una infección espiritual le resultará difícil controlar su furia usando estrategias naturales. En vez de controlarla, la emoción lo controlará a él o ella. De igual modo, la persona que comienza a odiar a quien lo ha agraviado, y se da cuenta de que su odio sigue creciendo al punto en que no pueden soltar o perdonar, puede necesitar recibir liberación del espíritu de odio.

Identificar dónde no estamos libres

¿Cómo saber si hay un espíritu maligno en nuestras vidas, o si tan solo estamos tratando con emociones naturales o aún un mal carácter? Por lo general no necesariamente nos damos cuenta de que estamos bajo la influencia de tal o cual espíritu. Así que la clave para reconocer dónde no somos libres es recordar que un espíritu maligno es una entidad por separado, un ser independiente. No es una parte fundamental nuestra, de nuestro carácter o nuestra personalidad. Así que, nuevamente, una de las señales es que sentimos que no somos nosotros en algún área de nuestra vida. Una y otra vez durante la consejería, la gente ha descripto ciertos momentos en que se sintieron influidos o controlados por algo que sentían como que no provenía de ellos mismos. Otros han dicho que era como algo que venía sobre ellos. Aunque luchaban contra esas entidades con todos los medios naturales que tenían a disposición, no podían librarse de ellos. Si un espíritu entró en nosotros a muy temprana edad, puede haberse entrelazado con nuestra personalidad o carácter, pero comenzamos a darnos cuenta de que no son esos los rasgos con los que necesariamente Dios nos creó.

Si uno de los dos en la pareja no está libre en algún área, ello afectará la relación matrimonial. Aunque nos hemos convertido en una sola carne, al entrar en el pacto matrimonial, todavía somos dos personas con nuestro propio libre albedrío. Así que, cuando se trata de identificar adecuadamente los puntos de entrada y luego de orar por liberación, es clave contar con la voluntad del integrante de la pareja que necesita liberación. En otras palabras, tenemos que querer ser libres.

Pausa para pensar

- ¿En qué áreas de tu vida no te sientes totalmente libre?
- ¿Cómo afecta tu matrimonio la falta de libertad?

Capítulo 26

CÓMO ORAR POR LIBERACIÓN EN EL MATRIMONIO

Herramienta #5: Oraciones para recibir liberación

Hemos visto a muchos experimentar un cambio real y duradero cuando empiezan a aplicar las *Oraciones para recibir liberación,* sea en forma individual o como pareja. La mayoría ha tenido el coraje de animarse y de empezar, aun cuando no se sientan con una plena confianza al comienzo y tengan cierta prudencia acerca de orar para recibir liberación.

Es correcto tener un respeto saludable por el enemigo en términos del entendimiento de que nada podemos hacer contra su poder sin la ayuda y protección de nuestro Señor Jesús. Dicho esto, los que están en Cristo y viven conforme a sus mandamientos no tienen nada que temer, ya que nuestra vida está escondida en Cristo (ver Colosenses 3:3). Más aún, Él nos ha dado el mandato y autoridad para resistir al maligno (ver Lucas 9:1-2). Y no solo resistir, sino también expulsar a los espíritus malignos que han entrado a nuestras vidas (ver Santiago 4:7; Marcos 16:17). Tenemos el derecho, el poder y autoridad para orar por liberación y libertar a los cautivos. No lo hacemos solos. Dios está con nosotros por el poder de su Santo Espíritu. Él nos guía y dirige cuando oramos y ¡se deleita en hacernos libres!

Veamos ahora las *Oraciones para recibir liberación*. Al igual que sucede con las otras herramientas de oración, tenemos tres pasos simples y poderoso. Puedes usar esta herramienta para orar por ti mismo y por cada uno en el matrimonio, toda vez que no te sientas espiritualmente libre.

ORACIONES PARA RECIBIR LIBERACIÓN

Paso 1: Dile a Jesús de qué deseas que Él te haga libre
Puedes decir:

"Amado Señor Jesús, deseo ser libre de _________"

Nombra aquello de lo que deseas ser libre. Por ejemplo: "Deseo ser libre del temor, del control o la compulsión". Cualquiera sea la situación con la que estamos luchando, podemos hablar libremente al Señor acerca de ello. Sus oídos están siempre abiertos para nosotros.

Nuestra voluntad es crucial aquí. Debemos determinarnos a ser libres y tomar la decisión de que ya no toleraremos este espíritu y todo pecado asociado a él en nuestras vidas. ¡Hemos de tener una desesperación por ser libres! Si oramos con el corazón a medias, no podremos ser liberados. ¿Por qué enfatizamos tanto en este punto? La respuesta es porque Dios respeta nuestra voluntad, y ella tiene el poder de determinar nuestro presente y nuestro futuro.

Paso 2: Determinar cuál es la culpa y tratarla

Si un espíritu ha entrado en ti a través de lo que alguien te hizo, deberás perdonar a esa persona.

Puedes decir:

"Perdono a _________ por lo que me hizo"

Si ha sido tu culpa, pídele a Jesús que te perdone por haber abierto la puerta a este espíritu en tu vida.

Puedes decir:

"Amado Jesús, por favor perdóname por lo que hice, dije o pensé _______ "

La liberación tiene que ver con quitarle al enemigo todo derecho legal que él pueda tener en nuestras vidas. Recibir el perdón por nuestros pecados y perdonar a otros que nos han herido son claves importantes en este proceso. De hecho, nunca hemos visto a alguien que haya recibido liberación sin arrepentimiento y/o pedido de perdón. Lo mismo rige para las heridas y las reacciones a las ofensas que han llevado a una infección espiritual. Por esta razón es importante ver un tema o problema en forma holística, usando una combinación de herramientas de oración cuando sea necesario. Veremos este tema en mayor detalle en el capítulo siguiente.

Paso 3: Ordénale al espíritu maligno que se vaya en el nombre de Jesús

Puedes decir:

"¡Le ordeno al espíritu de _______ (ej. temor, enojo etc.) que se vaya en el nombre de Jesús!"

Señalamos antes que un espíritu maligno es un ser espiritual sin un cuerpo. Por lo tanto, cuando le ordenamos a un espíritu que se vaya, por lo general sentiremos que se va a manifestar en nuestro cuerpo justo antes de irse. Por ejemplo, podemos sentir dolor o presión en la cabeza, o en el pecho, los pies pesados, entre otros síntomas. También podemos sentir emociones negativas asociadas con el espíritu, tales como el temor, el enojo, etc., que han ido creciendo en nuestro interior. No te preocupes si te sucede esto. Continúa y mantente determinado en el proceso cuando estás expulsando el espíritu.

Sigue orando de esa manera hasta que la manifestación o la emoción negativa que sentías se haya ido y te sientas libre. También podrás experimentar una paz de repente, gozo o liviandad en tu espíritu cuando se haya ido el espíritu maligno.

Hay varias formas de comprobar si el espíritu se ha ido o si necesitas seguir orando. Por ejemplo, si has orado para ser liberado del espíritu de falta de perdón, piensa en la persona que no has podido perdonar. ¿Puedes perdonarla ahora? O si has orado para ser liberado de un espíritu de intimidación que está operando a través de otra persona, piensa en él o ella. ¿Aún te sientes intimidado? Si el espíritu se ha ido, deberías sentir un cambio. En otros casos, puedes no experimentar un cambio de inmediato. Pero, en los próximos días, quizás comenzarás a notar que reaccionas en forma diferente a la que hacías antes de haber orado por liberación. Tal vez sientas que puedes controlar mejor tu temperamento, o dormir en paz sin pesadillas.

Después de recibir la liberación es importante que el Espíritu Santo ocupe el lugar vacío que dejó el espíritu maligno que ha salido, y que mantengamos la puerta cerrada a este espíritu para que no vuelva. Por ejemplo, decidir vivir en el perdón en vez de volver a pensar constantemente en las ofensas anteriores del otro (Lucas 11: 24).

Entonces, ¡siempre toma un momento para agradecerle a Dios por hacerte libre y pedirle que te llene de nuevo con su Espíritu Santo!

Puedes decir:

"¡Gracias, Señor Jesús por hacerme libre! ¡Lléname de nuevo con tu precioso Espíritu Santo y ayúdame a vivir según tu voluntad!"

***

Estos tres pasos de oración brindan una herramienta de liberación simple y poderosa que puedes usar para tratar con las dimensiones espirituales de temas que están afectando negativamente tu vida y tu matrimonio en el reino invisible. Te animamos a aplicar las oraciones de liberación en tu casa. Lo podrás hacer en forma individual o junto con tu cónyuge cada vez que reconozcas que necesitas recibir liberación en algún área de tu vida. Recuerda que puedes combinar las oraciones de liberación con las herramientas de oración por sanidad para un abordaje holístico de tu viaje hacia una libertad y sanidad duraderas.

Capítulo 27

CÓMO OBTENER MEJORES RESULTADOS

Combinando las herramientas de oración

Un artesano por lo general tiene una gran variedad de herramientas a disposición para trabajar en su oficio. Su conocimiento y experiencia le permite elegir la correcta para la tarea. Una vez que termina el trabajo, se sienta y examina su obra. Lleno de un gozo y saludable orgullo, es agradecido por el don que le ha sido dado, por la fortaleza y capacidad para crear algo nuevo o para restaurar algo que estaba viejo o roto. ¡El trabajo duro ha valido la pena! El artesano ha construido algo de gran belleza para disfrutar ahora y para inspirar a futuras generaciones.

Del mismo modo, puedes aplicar las cinco herramientas de oración para recibir sanidad y liberación que hemos descubierto juntos, solos o como pareja, para crear algo nuevo, refrescar lo viejo o reparar aquello que fue dañado. Las cinco herramientas son:

1. Oraciones para recibir perdón

2. Oraciones para recibir sanidad

3. Oraciones para tratar las reacciones negativas

4. Oraciones para sanar los recuerdos

5. Oraciones para recibir liberación

Hemos comprobado que combinar las herramientas en diferentes situaciones nos da una gran oportunidad de tratar en forma sistemática y efectiva con temas que amenazan nuestra unidad y amor. Así que ¿cómo sabemos por dónde comenzar o qué herramienta de oración usar?

La mejor forma de hacerlo es revisar detenidamente la situación o problema que te está causando molestia. Pídele al Espíritu Santo que te ayude a entender lo que está sucediendo y que te muestre por dónde empezar.

Resolver problemas por lo general requiere una combinación de cambios y soluciones prácticas, como hablamos en las secciones sobre unidad y comunicación. El Señor puede ayudarte a identificar áreas para trabajar y darte soluciones creativas. También abrirá tus ojos a la dimensión espiritual de cada tema y te mostrará cuáles requieren perdón, sanidad y liberación. Por lo general necesitarás no solo una, sino una combinación de las herramientas de oración para obtener los mejores resultados. La lista que sigue te ayudará a hacer la elección correcta.

Tabla para identificar cada situación y elegir las herramientas adecuadas de oración

SITUACIÓN	HERRAMIENTA	PUEDES NECESITAR TAMBIÉN
Has sido herido	Oraciones para recibir sanidad	Oraciones para tratar las reacciones negativas Oraciones para recibir liberación
Has tenido una reacción negativa a una herida	Oraciones para tratar las reacciones negativas	Oraciones para recibir liberación
Tienes un recuerdo doloroso	Oraciones para sanar los recuerdos	Oraciones para recibir liberación
Has pecado	Oraciones para recibir perdón	Oraciones para recibir liberación Oraciones para recibir sanidad
No te sientes libre espiritualmente	Oraciones para recibir liberación	Oraciones para recibir sanidad Oraciones para sanar los recuerdos

Cuanto más entiendas los principios que sirven de base a las oraciones para recibir sanidad y liberación y cuánto más te acostumbras a usar las herramientas de oración, más natural será usarlas. A medida que recibes más y más restauración, el amor, la amistad y la unidad en el matrimonio irá creciendo. Esta ha sido nuestra experiencia, y la experiencia de muchos a quienes hemos ayudado. Y a propósito, también puedes adaptar estas oraciones y usarlas con niños y adolescentes para sanar a toda la familia. Encontrarán más sobre este tema en nuestro libro El hogar sanador.

Finalmente, busca al Espíritu Santo en cada situación. Él te mostrará la raíz de los problemas y cómo combinar y aplicar las oraciones en cada situación. Te animamos a emplear este abordaje una y otra vez. ¡Vale la pena y sabemos que te sorprenderá lo que el Señor puede hacer y los resultados que puedes obtener!

APÉNDICE

Herramientas de oración para matrimonios

HERRAMIENTA #1
ORACIONES PARA RECIBIR PERDÓN

Pasos:

1. Confiesa el pecado

2. Acepta el perdón

3. Pon en orden las cosas con Dios y con otras personas

Puedes decir:

1. *"Amado Señor Jesús, Siento haber _______ ¡Por favor, perdóname!"*

   Al cónyuge: *"Lamento haberte agraviado y herido con mis pensamientos, palabras y acciones (sé específico/a). No deseo hacerlo más. ¡Por favor, perdóname!"*

   El otro cónyuge responde: *"¡Te perdono por lo que me dijiste y me hiciste!"*

2. *"Señor Jesús, acepto tu perdón. ¡Gracias por perdonarme!"*

   Cuando sea necesario: *"¡Me perdono!"*

3. *"Amado Jesús, por favor, muéstrame lo que tengo que poner en orden".*

HERRAMIENTA #2

ORACIONES PARA RECIBIR SANIDAD

Pasos:

1. Dile a Jesús lo que te hirió

2. Pídele a Jesús que sane tu dolor

3. Perdona a la persona que te hirió

Puedes decir:

1. *Amado Señor Jesús, me siento herido porque _______"*

2. *"Amado Señor Jesús, Tú fuiste herido por otras personas. Cargaste mi dolor en la cruz. Esto te da el poder de sanar mi dolor. Te lo entrego ahora. ¡Por favor sáname!"*

3. *"¡Yo perdono a _______ por lo que me dijo o me hizo!"*

HERRAMIENTA #3

ORACIONES PARA TRATAR LAS REACCIONES NEGATIVAS

Pasos:

1. Dile a Jesús cómo te sientes acerca de lo que sucedió y por cómo reaccionaste

2. Pídele a Jesús que te perdone por las reacciones y por aferrarte a ellas

3. Pídele a Jesús que se lleve los sentimientos negativos

Puedes decir:

1. *"Amado Señor Jesús, me siento _________ por lo que mi pareja me dijo o me hizo. Pero yo también en respuesta dije o hice cosas desagradables o injustas porque me sentí herido/a".*

2. *"Señor Jesús, por favor te pido que me perdones por la forma en que reaccioné y por aferrarme a estos sentimientos y reacciones negativas".*

3. *"Te pido Señor Jesús que te lleves estos sentimientos negativos de _________ Dejo ir estos sentimientos y te los entrego a ti".*

HERRAMIENTA #4

ORACIONES PARA SANAR LOS RECUERDOS

Pasos:

1. Pídele a Jesús que te lleve a un recuerdo doloroso

2. Pídele a Jesús que Él entre a tu recuerdo doloroso

3. Expresa el pedido de perdón y recibe perdón

Puedes decir:

1. *"Amado Señor Jesús, por favor, ¡llévame al recuerdo doloroso que deseas sanar!"*

2. *"Por favor, Señor Jesús, entra a este recuerdo doloroso".*

3. *"Yo perdono a _________ por lo que me dijo o me hizo. Y te pido Señor Jesús que me perdones por (nombra las reacciones a la herida)".*

HERRAMIENTA #5

ORACIONES PARA RECIBIR LIBERACIÓN

Pasos:

1. Dile a Jesús de qué deseas que te libere

2. Aclara la culpa y trata con ella

3. Ordénale al espíritu maligno que se vaya en el nombre de Jesús

Puedes decir:

1. *"Amado Señor Jesús, deseo que me hagas libre de _________"*

2. Si alguien ha pecado contra ti: *"Yo perdono a _________ por lo que me hizo."*

Si has pecado: *"Por favor, Jesús, perdóname por lo que hice, dije o pensé _________"*

3. *"¡Le ordeno al espíritu de _________ (ej.: temor etc.) que se vaya en el nombre de Jesús!"*

GUÍA DE AYUDA PARA TI Y TU MATRIMONIO

Las herramientas espirituales presentadas en este libro funcionan tanto para matrimonios jóvenes como para matrimonios más adultos. Podrás adaptarlas para ajustarlas a tu situación. Pon en práctica las oraciones que aparecen en el libro o escoge tus propias palabras. Puedes acercarte a Jesús solo o como matrimonio y permitirle *a Él* que los sane y ¡los lleve a una mayor liberación!

SOBRE LOS AUTORES

Daniel nació en Zurich en 1966. Cuenta con una Maestría en Teología otorgada por la Universidad Teológica Independiente de Basilea (STH). Ha cursado estudios de posgrado en el Trinity College, Bristol además de consejería matrimonial. Fue ordenado diácono anglicano en 2002.

Esther nació en Kenia en 1973 y se mudó a Inglaterra a los siete años. Cursó Estudios Hispanos y Africanos en la Universidad de Birmingham y obtuvo un diploma de posgrado en educación por la Universidad de Bristol.

Daniel y Esther contrajeron matrimonio en 1995, siendo ambos conocidos de toda la vida, gracias a la relación de amistad que las madres de ambos habían tenido desde temprana edad.

Entre 1998 y 2007, Daniel y Esther trabajaron como misioneros en el norte de Argentina, ayudando a familias y a matrimonios a crecer en el amor y en la relación con Dios, y en las relaciones interpersonales, especialmente a través del ministerio de sanidad y liberación.

En 2013 fundaron Bethesda Heilungsdienst, un ministerio dedicado a ayudar a las personas a alcanzar salud y restauración emocional, física y espiritual en Cristo.

CONTACTO E INFORMACIÓN EN LÍNEA

¿Necesitas apoyo adicional?

Creemos que cualquier matrimonio que aplique las oraciones y principios presentados en este libro puede experimentar un cambio real en sus vidas. Algunos encuentran muy útil hablar y orar con alguien más. Podrán encontrar información sobre nuestro servicio de consejería en nuestro sitio web.

¿Te ha gustado este libro?

Escríbenos y cuéntanos de qué maneras te ha ayudado el libro. ¡Nos gustaría recibir tus comentarios!

Puedes ayudar a otros matrimonios a conocer sobre sanidad y liberación recomendándolo a tus amigos y compartiéndolo en las redes sociales.

Muchos confían en las reseñas para decidir si comprar o no un libro. Agradeceremos dejes una breve reseña en la plataforma donde lo adquiriste.

Si ordenaste un ejemplar en la plataforma Bethesda Heilungsdienst, podrás enviarnos tu reseña a la dirección de correo que indicamos más abajo. ¡Muchas gracias!

Bethesda-heilungsdienst.ch
info@bethesda-heilungsdienst.ch

OTRO MATERIAL DE LOS AUTORES

El hogar sanador: herramientas para la sanidad y liberación con niños y jóvenes.

En este libro descubrirás cómo construir una relación franca y abierta con tu hijo y cómo crear una atmósfera de sanidad en tu hogar. Tomando ejemplos de su propia experiencia como padres y con más de veinte años de servicio en el ministerio de oración, incluyendo a familias, Daniel y Esther nos muestran cómo discernir los problemas y ayudar a los niños y adolescentes a tratar con ellos antes de que echen raíz. Aprender a superarlos les permitirá a tus hijos desarrollar su propia práctica de fe y a florecer ahora en el presente y cuando alcancen la adultez.

Edición impresa: ISBN 978-3-9525127-6-0
Libro digital: ISBN 978-3-9525127-7-7

Disponible en *bethesda-heilungsdienst.ch* o en los sitios de venta.

LECTURA RECOMENDADA

Ministrando bajo la superficie: Guía paso a paso hacia una efectiva sanidad interior y ministerio de liberación.

Este libro te ayudará a comprender los principios del ministerio de sanidad y liberación y capacitarte para tu propia ministración y la de otros. Nacido de décadas de un ungido ministerio, este libro trata con la raíz de los problemas y no con los síntomas. Reúne una combinación de perspectivas, decisiones, guía paso a paso de oración y la obra sobrenatural del Espíritu Santo. Indicado para estudio individual o grupal.

Autores: Albert y Elisabeth Taylor & David M. Taylor
Versión digital: ASIN B01E2EUZVI

Disponible en *bethesda-heilungsdienst.ch* o en los sitios de venta.

www.ingramcontent.com/pod-product-compliance
Lightning Source LLC
LaVergne TN
LVHW041315200726
843509LV00009B/495